KB080023

신주 사마천 사기 39

유협열전

영행열전

골계열전

일자열전

귀책열전

이 책은 롯데장학재단의 지원을 받아 번역, 출간되었습니다.

신주 사마천 사기 39 / 유협열전·영행열전·골계열전·일자열전·귀책열전

초판 1쇄 인쇄 2023년 10월 15일
초판 1쇄 발행 2023년 11월 10일

지은이 (본문) 사마천
(삼가주석) 배인·사마정·장수절
번역 및 신주 한가람역사문화연구소 사기연구실

펴낸이 이덕일
펴낸곳 한가람역사문화연구소

등록번호 제2019-000147호
주소 서울특별시 종로구 김상옥로17 대호빌딩 신관 305호
전화 02) 711-1379
팩스 02) 704-1390
이메일 hgr4012@naver.com

ISBN 979-11-90777-52-0 94910

ⓒ 한가람역사문화연구소 사기연구실, 2023
이 책은 저작권법에 따라 보호받는 저작물이므로 무단 전제와 복제를 금합니다.
이 책 내용의 전부 또는 일부를 이용하려면 반드시 저작권자와 한가람역사문화연구소의 서면동의를 받아야 합니다.

값은 뒤표지에 있습니다.

세계 최초
삼가주석
완역

신주 사마천 사기

39

유협열전 | 영행열전 | 골계열전 | 일자열전 | 귀책열전

지은이
본문_ 사마천
삼가주석_ 배인·사마정·장수절

번역 및 신주
한가람역사문화연구소 사기연구실

한가람역사문화연구소

차례

사기 제127권 史記卷一百十二七
일자열전 日者列傳

사기 제128권 史記卷一百二十八
귀책열전 龜策列傳

新註史記

신주사기26	사기 61권	백이열전	편
	사기 62권	관안열전	편
	사기 63권	노자한비열전	편
	사기 64권	사마양저열전	편
	사기 65권	손자오기열전	편
	사기 66권	오자서열전	편
신주사기27	사기 67권	중니제자열전	편
	사기 68권	상군열전	편
	사기 69권	소진열전	편
신주사기28	사기 70권	장의열전	편
	사기 71권	저리자감무열전	편
	사기 72권	양후열전	편
	사기 73권	백기왕전열전	편
	사기 74권	맹자순경열전	편
	사기 75권	맹상군열전	편
신주사기29	사기 76권	평원군우경열전	편
	사기 77권	위공자열전	편
	사기 78권	춘신군열전	편
	사기 79권	범저채택열전	편
	사기 80권	악의열전	편
	사기 81권	염파인상여열전	편
신주사기30	사기 82권	전단열전	편
	사기 83권	노중련추양열전	편
	사기 84권	굴원가생열전	편
	사기 85권	여불위열전	편
	사기 86권	자객열전	편
신주사기31	사기 87권	이사열전	편
	사기 88권	몽염열전	편
	사기 89권	장이진여열전	편
	사기 90권	위표팽월열전	편
	사기 91권	경포열전	편
신주사기32	사기 92권	회음후열전	편
	사기 93권	한신노관열전	편
	사기 94권	전담열전	편
	사기 95권	번역등관열전	편
	사기 96권	장승상열전	편
신주사기33	사기 97권	역생육가열전	편
	사기 98권	부근괴성열전	편
	사기 99권	유경숙손통열전	편
	사기 100권	계포난포열전	편
	사기 101권	원앙조조열전	편
	사기 102권	장석지풍당열전	편
	사기 103권	만석장숙열전	편
신주사기34	사기 104권	전숙열전	편
	사기 105권	편작창공열전	편
	사기 106권	오왕비열전	편
	사기 107권	위기무안후열전	편
신주사기35	사기 108권	한장유열전	편
	사기 109권	이장군열전	편
	사기 110권	흉노열전	편
	사기 111권	위장군표기열전	편
신주사기36	사기 112권	평진후주보열전	편
	사기 113권	남월열전	편
	사기 114권	동월열전	편
	사기 115권	조선열전	편
	사기 116권	서남이열전	편
신주사기37	사기 117권	사마상여열전	편
	사기 118권	회남형산열전	편
신주사기38	사기 119권	순리열전	편
	사기 120권	급정열전	편
	사기 121권	유림열전	편
	사기 122권	혹리열전	편
	사기 123권	대원열전	편
신주사기39			◀
			◀
			◀
			◀
			◀
신주사기40	사기 129권	화식열전	편
	사기 130권	태사공자서	편

원 사료는 중화서국中華書局 발행의 《사기》와 영인본 《백납본사기百衲本史記》를 기본으로 삼고, 인터넷 사료로는 대만 중앙연구원 역사어언연구소歷史語言研究所에서 제공하는 한적전자문헌자료고漢籍電子文獻資料庫의 《사기》를 참조했다.

일러두기

❶ 네모 상자 안의 글은 사기 본문 및 삼가주석 서문의 글이다.
❷ 한글 번역문 바로 아래 한문 원문을 실어 쉽게 대조할 수 있게 했다.
❸ 삼가주석 아래 신주를 실어 우리 연구진의 새로운 해석을 달았다.
❹ 사기 분문뿐만 아니라 삼가주석도 필요할 경우 신주를 달았다.
❺ 직역을 원칙으로 삼고 의역은 최대한 피했다.
❻ 한문 원문에서 ( )는 빠져야 할 글자를, 〔 〕는 추가해야 할 글자를 나타낸다.

예) 살펴보니 15개 읍은 이 두 읍에 가까웠다.

案 十五邑近此(三)〔二〕邑

《사기》〈열전〉의 넓고 깊은 세계에 관하여

1. 시대별 〈열전〉의 세계

《사기》는 〈본기本紀〉, 〈표表〉, 〈서書〉, 〈세가世家〉, 〈열전列傳〉의 다섯 부분으로 구성된 기전체紀傳體 역사서이다. 기전체라는 이름은 다섯 부분 중에 제왕의 사적인 〈본기〉와 신하의 사적인 〈열전〉이 중심이라는 사실을 시사하고 있다. 〈본기〉가 북극성이라면 〈세가〉와 〈열전〉은 북극성을 향하는 뭇별이라는 구성이다. 〈열전〉은 모두 70편으로 구성되어 있지만 한 편의 〈열전〉에 여러 명을 수록하는 경우가 여럿이어서 실제 수록된 인물은 300명이 넘는다. 중국의 24사는 대부분 《사기》를 따라 기전체를 택하고 있지만 《사기》만의 독창적 내용이 적지 않다.

먼저 서술 시기를 보면 《사기》는 한 왕조사가 아니라 오제五帝부터 자신이 살던 한무제漢武帝 시기까지 천하사天下史를 기술했기에 그 시기가 광범위한데, 이는 〈열전〉도 마찬가지다. 그래서 이를 시기별로 나누어 정리할 필요가 있다.

첫째 시기는 춘추春秋시대 이전부터 춘추시대까지 활동했던 여러 인물이다. 〈백이열전伯夷列傳〉부터 〈중니제자열전仲尼弟子列傳〉까지 7편이 그런 경우로서 백이伯夷·숙제叔齊, 관중管仲, 안영晏嬰, 노자老子, 손자孫子, 오자서伍子胥, 공자孔子의 제자들 등이 이에 속한다.

둘째 시기는 전국戰國시대와 진秦 조정에서 활동한 인물들에 대해서 서술했다. 〈상군열전商君列傳〉부터 〈몽염열전蒙恬列傳〉까지 21편이 이런 경우로서 상앙商鞅, 소진蘇秦, 장의張儀, 백기白起, 왕전王翦, 전국 4공자, 여불위呂不韋, 이사李斯, 몽염蒙恬 등이 이에 속한다.

셋째 시기는 초楚와 한漢이 중원의 패권을 다투던 시기에 활동했던 인물들이다. 〈장이진여열전張耳陳餘列傳〉부터 〈전담열전田儋列傳〉까지 6편으로 장이, 진여, 한신韓信, 노관盧綰 등이 이에 속한다.

넷째 시기는 한고조 유방부터 경제景帝 때까지의 인물들을 서술하고 있다. 〈번역등관열전樊酈滕灌列傳〉부터 〈오왕비열전吳王濞列傳〉으로 번쾌樊噲, 육가陸賈, 계포季布, 유비劉濞 등이 이에 속한다.

다섯째 시기는 한무제 때의 인물들이다. 〈위기무안후열전魏其武安侯列傳〉 등으로 두영竇嬰, 이광李廣, 위청衛青, 곽거병霍去病 등과 사마천 자신에 대해서 서술한 〈태사공자서太史公自序〉도 이 범주에 들 수 있다.

사마천은 한 사람의 인생 전부를 서술하는 개념으로 〈열전〉을 서술하지는 않았다. 그가 관심을 가진 것은 특정 인물이 어떤 사상을 가지고 한 시대를 어떻게 헤쳐 나갔는가, 또는 그 시대에 어떤 영향을 미쳤는가 하는 것이지 인생 전반을 세세하게 서술하는 것은 아니었다. 그러다보니 《사기》 〈열전〉을 보면 한 인간의 역경을 통해서 그가 산 시대의 생생한 분위기도 엿볼 수 있다.

2. 〈백이열전〉을 첫머리로 삼은 이유

《사기》 〈열전〉이 지금껏 인구에 회자되는 것은 사마천이 당위성만 추구한 것이 아니라 당위성과 실제 현실 사이의 괴리를 포착해 한 인물의 부침을 서술했기 때문이기도 할 것이다. 그가 〈열전〉의 첫머리를 〈백이열전〉으로 삼은 것은 〈세가〉의 첫머리를 〈오태백세가吳泰伯世家〉로 삼아 막내 계력季歷에게 왕위를 물려준 사양辭讓의 정신을 크게 높인 것과 마찬가지로 이利보다는 의義를 추구한 백이·숙제를 높인 것이다.

사마천은 제후가 아닌 공자를 〈공자세가〉로 높여 서술하고 〈중니제자열전〉과 〈유림열전儒林列傳〉도 서술해 유가儒家를 높이기도 하였다. 그러나 사마천은 단순히 유학을 높인 것이 아니라 유학에서 천하는 공公의 것이기에 자기 자식이 아니라 현명한 인물에게 자리를 넘겨주는 선양禪讓의 정신을 높게 산 것이다. 그래서 오제의 황제黃帝부터 요순堯舜까지 행해졌던 선양禪讓의 정신을 크게 높였다.

그러나 〈백이열전〉에서 사마천은 "백이·숙제는 남을 원망하지 않았다."는 공자의 말을 수록하면서도 사마천 자신은 공자의 견해에 동의하지 않고 백이·숙제의 뜻을 비통한 것으로 여겼다. 또한 그가 의문을 가진 것은 "하늘의 도道는 친함이 없고 항상 선한 사람과 함께한다."라고 했는데 선한 사람인 백이·숙제 같은 사람이 왜 굶어죽어야 했느냐는 질문이다. 그럼에도 불구하고 이利를 추구하는 삶보다 의義를 추구하는 삶이 중요하다는 생각에서 〈백이열전〉을 첫머리로 삼은 것이다.

〈백이열전〉뿐만 아니라 초나라를 끝까지 부흥시키려고 했던 〈춘신군열전春申君列傳〉이나 〈자객열전刺客列傳〉 등도 이에 속한다. 〈자객열전〉의 형가荊軻가 남긴 "장사 한 번 떠나면 다시 돌아오지 않으리[壯士一去兮不復還]"라는 시가가 대일항전기 의열단원들이 목숨을 걸고 국내에 잠입할 때 동지들과 나누던 시가라는 점은 시대와 장소를 넘어 의義의 실천에 목숨을 건 사람들이 깊은 동질감을 느꼈기 때문일 것이다.

3. 주제별 〈열전〉

〈열전〉 중에는 각 부문의 사람들을 주제별로 묶어서 서술한 〈열전〉이 적지 않다. 좋은 벼슬아치를 뜻하는 〈순리열전循吏列傳〉은 이후 많은 기전체 역사서가 따라서 서술하고 있다. 후세 벼슬아치들에게 역사의 포상이 가장 중요한 상으로 여기고 좋은 벼슬아치가 되려고 노력하라는 권고의 뜻을 담고 있다. 또한 혹독한 벼슬아치를 뜻하는 〈혹리열전酷吏列傳〉은 반대로 역사의 비판이 가장 무거운 형벌임을 깨닫고 백성들을 가혹하게 대하거나 가렴주구를 하지 말라는 권고를 담고 있다.

사마천은 비록 유학을 높였지만 유자儒者는 칭송을 받는데 유협游俠은 비난을 받는 현실에 대해서도 불만이었다. 그래서 유협들도 수백 년이 지난 후에도 제사를 받든다면서 〈유협열전〉을 서술했다. 〈유협열전〉같은 경우 《사기》, 《한서》와 그 전편이 모두 전하지 않는 《위략魏略》 정도가 이어서 유협에 대해 서술하였고 이후의 역사서에서는 외면받았던 인물들이다.

사마천은 또한 '기업가 열전'이라고 할 〈화식열전貨殖列傳〉을 서술했다는 이유로도 비판받았지만 그가 지금껏 역사가의 전범典範으로 대접받는 밑바탕에는 경제를 무시하지 않았던 역사관이 깔려 있었다. 그러나 〈화식열전〉은 이후 《사기》와 《한서》에서만 서술하고 있을 정도로 여러 사서는 벼슬아치와 학자만 높였지 사업가는 낮춰 보았던 것이 동양 유학 사회의 현실이었다.

《사기》에만 실려 있고, 다른 기전체 사서는 외면한 〈열전〉이 〈골계열전滑稽列傳〉, 〈일자열전日者列傳〉, 〈귀책열전龜策列傳〉이다. 〈골계열전〉은 보통 세속을 따르지 않고, 세상의 이익을 다투지 않는 것을 귀하게 여기는 사람들의 풍자정신에 대해 서술한 것으로 해석된다. 사마천이 보기에는 천문관측에 관한 〈일자열전〉이나 길흉을 점치는 복서卜筮에 대한 〈귀책열전〉도 나라를 다스리는데 필수적이라는 생각에서 이를 〈열전〉에 서술했다.

4. 위만조선만 서술한 〈조선열전〉

사마천이 〈열전〉에서 창안한 형식중 하나가 외국에 대한 〈열전〉이다. 사마천은 〈흉노열전匈奴列傳〉을 필두로 〈남월열전南越列傳〉, 〈동월열전東越列傳〉, 〈조선열전朝鮮列傳〉, 〈서남이열전西南夷列傳〉 등을 서술했다. 이것이 공자가 《춘추》에서 높인 존주대의尊周大義와 함께 중국의 전통적인 화이관華夷觀을 만들어 낸 것으로 볼 수 있다.

그러나 사마천은 동이족이 분명한 삼황三皇을 배제하고 오제五帝부터 서술한 데에서 알 수 있는 것처럼 화하족華夏族의 뿌리를 찾기 어렵다는 현실에 부닥칠 수밖에 없었다. 그래서 때로는 이족夷族의 역사를 무리하게 화하족 역사로 편입시키려 노력했다. 한나라를 크게 괴롭혔던 흉노를 하夏나라의 선조 하후夏后의 후예로 서술하고, 남월, 동월 등도 그 뿌리를 모두 화하족과 연결되게 서술한 것은 이 때문일 것이다.

〈조선열전〉에서는 단군과 기자의 사적은 생략하고 연나라 출신 위만衛滿에 대해서만 서술했다. 사마천은 《사기》의 여러 부분에서 기자箕子에 대해 서술했고, 그가 존경하던 공자가 《논어》에서 기자를 미자微子, 비간比干과 함께 삼인三仁으로 꼽았으므로 그의 사적을 몰랐을 리 없다. 그러니 기자가 주무왕周武王에 의해 석방된 후 '조선朝鮮'으로 갔다는 사실을 몰랐을 리 없고 기자가 간 조선이 '단군조선檀君朝鮮'이라는 사실도 몰랐을 리 없다. 그러나 사마천은 단군과 기자는 생략하고 위만조선만 서술했다. 그럼에도 그가 〈조선열전〉이라도 서술했기에 우리는 위만조선과 한나라의 관계나 위만조선의 왕족과 귀족들이 왜 망국 후 한나라의 제후로 봉함을 받았는지 알 수 있게 되었다.

이제 〈열전〉을 내놓으면서 40권에 이르는 《신주 사마천 사기》의 대단원의 막이 내려진다. 《신주 사마천 사기》는 비단 지금까지 전 세계에서 발간된 가장 방대한 《사기》 번역서 및 주석서일 뿐만 아니라 그간 《사기》에서 놓쳤던 여러 관점과 사실에 대해 알 수 있다. 예를 들면 《사기》 본문 및 그 주석에 숱하게 드러나고 있는 이족夷族의 역사를 되도록 되살렸다는 내용면에서도 새로운 시도라고 자평할 수 있다. 《신주 사마천 사기》 완간을 계기로 사마천이 그렸던 천하사가 더욱 풍부해질 뿐만 아니라 《사기》 속에 숨어 있던 우리 선조들의 이야기가 우리 후손들의 가슴 속에 자리 잡게 된다면 망외의 소득이라고 말할 수 있을 것이다.

사기 제124권 史記卷一百二十四

유협열전 游俠列傳

사기 제124권 유협열전 제64

史記卷一百二十四 游俠列傳第六十四

집해 순열이 말했다. "기氣를 가지런히 세우고 위엄과 복을 만들고 사사로이 교제를 맺어 세상에 굳세게 서는 자를 유협游俠이라고 이른다."

荀悅曰 立氣齊 作威福 結私交 以立彊於世者 謂之游俠

신주 《한비자韓非子》 〈오두五蠹〉에 "유자는 글로써 법을 어지럽게 하고, 협객은 무력으로 금령을 범한다. 그런데도 임금은 다 같이 그들을 대우한다. 이것이 어지러워지는 까닭이다."라고 했다. 이 말은 평범한 사람이 법을 어지럽히거나 금령을 범하면 처벌받지만, 유자儒子나 협객俠客은 오히려 글로써 등용되거나 칼의 위용으로써 오히려 대우받는다는 의미이다. 즉 그들이 표방하는 인의仁義의 위선僞善을 꼬집은 것이다.

그러나 사마천은 '학사學士들은 법을 어지럽힌다고 하더라도 세상에서 칭송되는 경우가 많지만, 협객들은 그렇지 못하다.'라고 말해서 〈유협열전〉을 쓴 이유를 짐작하게 한다. 그는 또 "지금의 유협자들은 그들의 행위가 비록 정의正義에서 그 궤도를 벗어나긴 했어도, 그들의 말에는 반드시 신용이 있고 그들의 행동에는 반드시 과단성이 있어서, 이미 승낙하면 반드시 정성을 다해 자신을 아끼지 않는다."라고 말했다. 또 〈태사공자서〉에서 "곤경에 처한 사람을 구하고 빈곤한 사람을 구제하는 일은 어진 사람의 자세이며, 믿음을 잃지 않고 약속을 저버리지 않는 것은 의로운 사람이 취하는 행동이다."라고 말해서 유협의 장점을 서술했다.

이에 사마천은 "한나라가 일어난 뒤로 주가朱家, 전중田仲, 왕공王公, 극맹劇孟, 곽해郭解의 무리가 있었다. 비록 때때로 당시의 법망에 저촉되었으나 그들의 사사로운 의리나 청렴결백함과 겸양한 것들은 족히 칭찬할 만하다."라면서 그들의 행위를 긍정적으로 평가했다. 이를 간략簡略하게 정리하면, 다음과 같다.

주가는 노나라 사람이며 유협으로 이름이 알려졌다. 그가 숨겨주고 보살펴 목숨을 구한 호걸들이 100여 명이나 되었으며, 그 나머지 보통 사람들은 이루 다 셀 수가 없었다.

전중은 초楚나라 사람으로, 그는 칼을 쓰는 것을 좋아했으며, 주가朱家를 아버지처럼 섬기면서 늘 스스로 행동하는 것이 그에 미치지 못한다고 여겼다.

왕맹王孟은 부리符離 사람으로 강수江水와 회수淮水 사이에서 유협으로 이름이 있었다.

극맹은 낙양 사람이다. 주가가 한 일과 비슷했다. 오초7국의 난이 일어났을 때, 주아부周亞夫가 태위太尉가 되어서 하남河南에서 극맹을 얻고 말하기를 "오吳와 초楚 등이 반란을 일으키고도 극맹을 찾지 않았으니 나는 그들이 무능하다는 것을 알 수 있을 뿐이다."라고 하며 기뻐했을 정도로 극맹을 높이 평가했다. 그가 모친상을 당했을 때 조문하러 온 수레가 천승千乘이나 되었다고 한다.

곽해는 어릴 때 악행을 저질렀으나 나이가 들면서 검약儉約하게 살면서도 객客에게는 후하게 베풀었다. 사마천은 "곽해를 살펴본 적이 있었는데, 그의 얼굴 모습은 보통 사람에게도 미치지 못했고 그의 언어에도 족히 취할 것이 없었다. 그러나 천하에서 어진 자나 어질지 못한 자, 아는 자나 알지 못하는 자, 할 것 없이 모두가 그의 명성을 사모하고, 유협을 말하는 자는 모두가 그를 인용해서 이름으로 삼았다."라고 평설했다.

사마천은 이전의 사서들과 달리 민간에서나 회자되던 이런 인물들을 《사기》에 편입시켰다. 이것이 그를 사성史聖으로 일컫는 이유 중의 하나일 것이다.

제一장

호협한 인물들

한비자가 말했다.

"유자儒者는 글로써 법을 어지럽게 하고,① 유협자遊俠者는 무武로써 금령禁令을 범한다."

유자儒者와 유협자遊俠者는 둘 다 비난받았으나② 학사學士들은 세상에서 많이 칭송되었다고 이른다. 학술로써 재상이나 경대부의 자리를 얻고 세상의 군주를 보좌해서 공로와 명예가 《춘추》에 갖추어 기록되었으나③ 말할 만한 것은 없다.

계차季次(공석애公晳哀)나 원헌原憲④ 같은 이는 한낱 시골 사람인데도 글을 읽으면서 홀로 군자君子의 덕을 행하겠다고⑤ 가슴에 품고, 의를 지키면서 당세에 구차하게 영합하지 않았음에도 당시 세상에서 또한 비웃었다. 이 때문에 계차나 원헌은 자신이 죽을 때까지 빈집에서 쑥대로 엮은 문을 닫아걸고,⑥ 거친 옷을 입고 거친 음식을 먹으면서도 싫어하지 않았다.⑦ 죽고 나서 이미 400여 년이 지났건만 제자들은 그들의 뜻을 지키는데 게을리하지 않았다.

지금의 유협자들은 그들의 행위가 비록 정의正義에서 그 궤도를 벗어나긴 했으나, 그들의 말에는 반드시 신용이 있고 그들의 행동에는 반드시 과단성이 있어서, 이미 승낙하면 반드시 정성을 다해 자신의 몸을 아끼지 않는다. 선비가 운수가 나빠 곤란해지면[8] 달려가서 자신의 존재가 없어지게 된다 해도 사생결단하는 것이다. 그러나 그 능력을 과시하지 않고 그 덕을 자랑하는 것을 부끄럽게 여기니, 대개 또한 많은 사람들이 만족하는 것이 있는 것이다. 또한 일의 급하고 급하지 않은 것은 사람에게 때때로 있는 것이다.

韓子曰 儒以文亂法[1] 而俠以武犯禁 二者皆譏[2] 而學士多稱於世云 至如以術取宰相卿大夫 輔翼其世主 功名俱著於春秋[3] 固無可言者 及若季次原憲[4] 閭巷人也 讀書懷獨行[5]君子之德 義不苟合當世 當世亦笑之 故季次原憲終身空室蓬戶[6] 褐衣疏食不厭[7] 死而已四百餘年 而弟子志之不倦 今游俠 其行雖不軌於正義 然其言必信 其行必果 已諾必誠 不愛其軀 赴士之阸困[8] 既已存亡死生矣 而不矜其能 羞伐其德 蓋亦有足多者焉 且緩急 人之所時有也

① 以文亂法이문난법

정의 문文(글)의 폐단은 소인小人이 자질구레한 것을 말하는 것이다. 잔달고 번거로우며 가혹한 법으로 정사를 어지럽게 하는 것을 이른다.

言文之蔽 小人以僿 謂細碎苛法亂政

② 二者皆幾이자개기

정의 기譏는 잘못되었다는 것을 말한다. 유자儒者의 폐단은 법을 어지럽게 하고 협객은 성대해서 금지법을 범하는데, 두 가지의 도道가 모두 그른 것이지만 학사學士들이 많이 세상에 일컬었기 때문에 태사공이《한

비자》를 인용해서 유협游俠의 아름다운 것들을 진술하고자 한 것이다.

譏 非言也 儒敝亂法 俠盛犯禁 二道皆非 而學士多稱於世者 故太史公引韓子欲陳游俠之美

③ 功名俱著於春秋공명구저어춘추

색은 공명이 함께 《춘추》에 드러냈다. 살펴보니 《춘추》는 국사國史를 이른다. 사람의 신하가 공명이 있게 되면 그 나라 역사에 기록해 드러내는 것으로 이것을 함께 춘추에 드러냈다고 말한 것이다.

功名俱著春秋 案 春秋謂國史也 以言人臣有功名則見記于其國之史 是俱著春秋者也

④ 季次原憲계차원헌

집해 서광이 말했다. "〈중니제자열전〉에 공석애公晳哀의 자는 계차季次이고 일찍이 벼슬하지 않았는데도 공자가 그를 칭찬했다."

徐廣曰 仲尼弟子傳曰公晳哀字季次 未嘗仕 孔子稱之

신주 원헌은 공자의 제자이다.

⑤ 行행

색은 行의 발음은 '행[下孟反]'이다.

行音下孟反

⑥ 原憲終身空室蓬戶원헌종신공실봉호

정의 《장자》에서 말한다. "원헌原憲은 환도環堵의 실室에서 거처했는데 쑥으로 엮어 만든 문은 완전하지 않았고 뽕나무로 추樞를 만들고 동이로 창을 만들어 위는 새고 밑은 습해도 홀로 앉아서 악기를 타고 노래 불렀다."

莊子云 原憲處居環堵之室 蓬戶不完 以桑爲樞而甕牖 上漏下溼 獨坐而弦歌也

⑦ 不厭불염

색은 불염不饜이다. 염饜은 포飽(배부르다)이다. 厭의 발음은 '염[於豔反]'이다.

不饜 饜 飽也 於豔反

⑧ 阨困액곤

색은 앞 글자 阨의 발음은 '액戹'이다.

上音戹

태사공은 말한다.

"옛날 순舜임금은 우물과 창고에서 곤욕을 당했고, 이윤伊尹은 솥과 도마를 등에 진 적이 있었으며, 부열傅說은 부험傅險이라는 굴속에서 숨어 살았고, 여상呂尙(태공망)은 극진棘津[1]에서 곤궁하게 지냈다. 제齊나라 관이오管夷吾(관중)는 (노나라에서) 수갑과 차꼬를 찼었고, (진秦나라) 백리해百里奚는 소를 기르는 일을 했었다. (노나라) 중니仲尼(공자)는 광匡 땅에서 두려워했고 진陳나라와 채蔡나라 국경에서는 굶주려 얼굴에 채소 빛을 띠었다.[2] 이들은 모두 학사學士이며 이른바 어진 사람이라고 이르는 사람들이다.

그런데도 오히려 이러한 재앙을 만났는데 하물며 중간의 재능으로 어지러운 세상의 말세를 헤쳐 나가는 데에 있어서랴. 그 해를 당함을 어떻게 이루 다 말로 할 수 있겠는가!

비속한 사람들의 말에 "인의仁義를 어찌 알 것인가? 이미 그 이로움을 누리는 것은 덕이 있는 것이라고 한다.[3]"라고 했다. 그러므로 백이伯夷는 주周나라가 더럽다고 여기고 수양산首陽山에서 굶주려 죽었으나 문왕이나 무왕은 그런 일 때문에 왕위가 폄하되지 않았다.

노나라 도척盜跖이나 초나라 장교莊蹻는 도리에 어그러지게 모질고 사나웠으나 그의 무리는 의義를 칭찬함이 끝이 없었다. 이러한 것으로 말미암아 본다면 '걸쇠를 훔친 자는 처벌당하고,[4] 나라를 훔친 자는 제후가 되는데, 제후의 문안에 인의仁義가 존재한다.[5]'라고 한 것이 빈말이 아니다.

太史公曰 昔者虞舜窘於井廩 伊尹負於鼎俎 傅說匿於傅險 呂尚困於棘津[1] 夷吾桎梏 百里飯牛 仲尼畏匡 菜色陳蔡[2] 此皆學士所謂有道仁人也 猶然遭此菑 況以中材而涉亂世之末流乎 其遇害何可勝道哉 鄙人有言曰 何知仁義 已饗其利[3]者爲有德 故伯夷醜周 餓死首陽山 而文武不以其故貶王跖蹻暴戾 其徒誦義無窮 由此觀之 竊鉤者誅[4] 竊國者侯 侯之門仁義存[5] 非虛言也

① 棘津극진

집해 서광이 말했다. "광천에 있다."

徐廣曰 在廣川

정의 《울료자》에는 태공망이 나이 70세에 극진棘津에서 먹을 것을 팔았다고 했다. 옛날에 또한 석제진石濟津이라고 일렀고 옛날의 남진南津이다.

尉繚子云太公望行年七十 賣食棘津云 古亦謂之石濟津 故南津

신주 황하의 나루명이다. 이곳에서 문왕文王에게 발탁될 때인 72살까지 낚시를 했다고 전해진다. 지금의 하남성河南省 연진현延津縣 동북쪽이다.

② 昔者虞舜～菜色陳蔡석자우순～채색진채

신주 우나라 순임금은 이복 아우 상象의 음모로 우물을 파다 매장당하고, 창고 지붕에 올라 지붕을 수리하다가 불타 죽을 뻔한 사건을 말한 것이다. 은나라 이윤伊尹은 선관膳官, 즉 궁궐 안의 주방을 맡은 관리였다. 은나라 고종 때 현신 부열傅說은 부험傅險에서 노예로 길을 닦다가 현신賢臣을 찾던 무정武丁에게 재상으로 발탁되었으며, 관이오管夷吾는 관중인데 제나라 환공桓公 때 재상을 지냈으며, 백리해百里奚는 우虞나라 사람으로 진秦나라 목공과 결혼한 진晉나라 헌공 딸의 시종이 되었는데, 진나라로 가는 길에 초나라로 도망가 소를 치다가 초성왕楚成王의 어인御人이 된 후, 진秦의 공손지公孫支가 추천해 진나라 재상으로 목공穆公을 도왔다. 공자는 14년 동안 편력의 여행 중에 진陳나라로 가다가 광 땅에 지날 때, 사람들이 공자를 노나라 계평자의 가신 양호陽虎라고 생각해 감금당했던 일이 있었고, 진陳나라와 채蔡나라 사이에서 먹을 양식이 없어 7일간 곤경에 처했던 일을 말한다.

③ 已饗其利이향기리

색은 已의 발음은 '이以'이다. 饗의 발음은 '향享'이고 수受(받다)이다. 이미 그의 이로운 것을 받으면 덕이 있다고 하니, 어찌 반드시 인의를 알아서일까를 말한 것이다.

已音以 饗音享 受也 言已受其利則爲有德 何知必仁義也

④ 竊鉤者誅절구자주

색은 작은 것을 도둑질하면 도둑이 되어 처벌을 받는 것을 말한다.

以言小竊則爲盜而受誅也

⑤ 侯之門仁義存후지문인의존

색은 인신人臣은 후侯나 왕의 문하에서 벼슬을 하게 되면 인의仁義를 보존하는데, 유협游俠(협객)이 날래고 건장하면 또한 어찌 반드시 기꺼이 인의를 보존할 것인가를 말한 것이다.

言人臣委質於侯王門 則須存于仁義 若游俠輕健 亦何必肯存仁義也

지금 학문에 얽매이거나 혹은 아주 작은 의리를 품고 오래도록 세상에서 외롭게 지내는 것이[1] 어찌 저속한 논리로 속세와 융화되어 세상과 함께 부침浮沈하며 영예와 명성만을 취하는 것과 같을 수 있겠는가?
그러나 포의布衣(평민)의 무리들은 설령 주고받으면서 그리하라 허락한 것에 대해서는 1,000리의 의를 칭송하여 죽더라도 세상을 돌아보지 않으니 이 또한 장점이 있는 것이지 구차한 것만은 아니다. 그러므로 선비들도 군색한 곳에 몰리게 되면 생명을 맡기려는 것이니 이 어찌 사람들이 말하는 현인과 호걸의 중간이 아니겠는가? 실로 시골의 유협자를 계차季次나 원헌原憲의 권세와 역량과 비교해서 당세에 공이 드러난 것을 가지고 비교한다면 같은 날 논하지는 못할 것이다. 요체는 공로만을 가지고 신의를 말해 본다면 협객의 의리 또한 어찌 적다고만 할 수 있겠는가? 옛날 포의布衣의 유협들이 얻어들은 적이 없었을 뿐이다.

今拘學或抱咫尺之義 久孤於世① 豈若卑論儕俗 與世沈浮而取榮名哉 而布衣之徒 設取予然諾 千里誦義 爲死不顧世 此亦有所長 非苟而已也 故士窮窘而得委命 此豈非人之所謂賢豪閒者邪 誠使鄉曲之俠 予季次原憲比權量力 效功於當世 不同日而論矣 要以功見言信 俠客之義又曷可少哉 古布衣之俠 靡得而聞已

① 久孤於世구고어세

색은 학문을 구애拘礙하며 의를 지키는 선비는 혹은 지척의 섬세한 일까지도 마침내 오래도록 그 시대에 품고서 외롭게 나의 뜻을 저버리는 것이 저속한 논리로 속세와 함께하며 영광과 총애를 취하는 것만 같지 못하다는 것을 말한 것이다.

言拘學守義之士或抱咫尺纖微之事 遂久以當代 孤負我志 而不若卑論儕俗以取榮寵也

근세에 연릉延陵[1]의 계자季子(계찰季札), 맹상군孟嘗君, 춘신군春申君, 평원군平原君, 신릉군信陵君의 무리[2]는 모두 왕자王者의 친척이었다. 그들은 토지를 가지고 경상卿相의 지위에 있으면서 부유富裕함에 의지해 천하의 현자賢者들을 초청하고 그 명성을 제후들 사이에서 드러나게 했으니 현명하지 않다고 말할 수 없다. 비교한다면 마치 바람을 타고 외친다고 소리가 더 빨라지지는 않지만 그 형세가 격렬해지는 것과 같다. 시골의 유협에 이르러 행실과 명성을 갈고 닦아 천하에 명성이 알려져서[3] 어질다고 칭하지 않는 이가 없으니 이는 지극히 어려운 일이다.

그러나 유자儒者나 묵가墨家에서는 모두 배척하고 기록하지 않았다. 진秦나라 이전부터 필부匹夫의 유협이 인멸되어 보이지 않으니 내가 매우 한스러웠는데 내가 들은 바는 한나라가 일어난 뒤로 주가朱家, 전중田仲, 왕공王公, 극맹劇孟, 곽해郭解의 무리가 있었는데 비록 때때로 당시의 법망에 저촉되었으나[4] 그들의 사사로운 의리나 청렴결백하고 겸양한 것들은 족히 칭찬할 만한 것이 있었다.

명성이란 헛되이 세워지지 않고 선비들이란 헛되이 붙지 않는다. 심지어 붕당을 만들고 강한 종족들과 세력을 이루어 재산을 만들고 가난한 자를 부리면서 포악스럽게 하고, 외롭고 허약한 이들을 침탈하고 능멸하면서 마음 내키는 대로 하고 스스로 유쾌하게 지내는 따위는 유협游俠들이 또한 부끄럽게 여기는 것이다.

나는 세속의 사람들이 그 의미를 살펴보지도 않고 외람되게 주가朱家나 곽해郭解 등을 포악한 호걸의 무리와 같은 부류로 여겨서 함께 비웃는 것을 슬퍼하는 것이다."

近世延陵[①]孟嘗春申平原信陵[②]之徒 皆因王者親屬 藉於有土卿相之富厚 招天下賢者 顯名諸侯 不可謂不賢者矣 比如順風而呼 聲非加疾 其埶激也 至如閭巷之俠 脩行砥名 聲施[③]於天下 莫不稱賢 是爲難耳 然儒墨皆排擯不載 自秦以前 匹夫之俠 湮滅不見 余甚恨之 以余所聞 漢興有朱家田仲王公劇孟郭解之徒 雖時扞當世之文[④]罔 然其私義廉絜退讓 有足稱者 名不虛立 士不虛附 至如朋黨宗彊比周 設財役貧 豪暴侵淩孤弱 恣欲自快 游俠亦醜之 余悲世俗不察其意 而猥以朱家郭解等令與暴豪之徒同類而共笑之也

① 延陵연릉

집해 서광이 말했다. "대군代郡에 또한 연릉현延陵縣이 있다." 살펴보니 《한자》에서 말한다. "조양자趙襄子가 연릉생延陵生을 불러 수레를 타고 가게 해서 먼저 진양晉陽에 이르도록 했다." 양자襄子 때 조趙나라는 이미 대代를 병합해서 연릉延陵의 호칭이 있을 만하다. 다만 이 사람이 옳은지 그른지가 자세하지 않을 뿐이다.

徐廣曰 代郡亦有延陵縣 駰案 韓子云 趙襄子召延陵生 令車騎先至晉陽 襄子時趙已幷代 可有延陵之號 但未詳是此人非耳

신주 춘추시대 오왕 수몽壽夢의 넷째 아들 계찰季札이다. 봉한 곳이 연릉延陵이어서 연릉계자延陵季子라고 부른다. 오왕 수몽은 일찍이 계찰의 어짊을 알고 그에게 왕위를 전하려 하였으나, 계찰이 끝내 왕위를 받지 않았다. 계찰은 사신이 되어 상국上國을 두루 다니면서 어진 사대부들과 교유하였고, 음악에 밝아 그 음악을 듣고 그 나라 치란흥망治亂興亡을 알았다고 한다.

② 孟嘗春申平原信陵맹상춘신평원신릉

신주 제나라 맹상군孟嘗君 전문田文, 조나라 평원군平原君 조승趙勝, 초나라 춘신군春申君 황헐黃歇, 위나라 신릉군信陵君 위무기魏無忌는 전국시대에 각각 수천의 많은 식객을 거느리고 당시의 정사에 큰 영향을 끼친 인물들로 전국 4공자로 불렸다.

③ 施시

색은 施의 발음은 '시[以豉反]'이다.

施音以豉反

④ 扞當世之文罔한당세지문망

색은 한扞은 곧 한捍(막다)이다. 당대의 법망을 거역하고 막아 법으로 금지한 것을 범한다고 이르는 것이다.

扞卽捍也 違扞當代之法網 謂犯於法禁也

노魯나라 주가朱家는 한고조漢高祖와 같은 시대 사람이다. 노나라 사람들은 모두 유학儒學의 가르침을 받았는데 주가는 유협으로써 알려졌다. 주가가 숨겨주어 목숨을 구한 호걸들이 100여 명이나 되었으며 그 나머지 보통 사람들은 이루 다 셀 수가 없었다. 그러나 죽을 때까지 그의 능력을 자랑하지 않았고 그 덕 때문이라고 대접받으려고도 하지 않았으며 은혜를 베풀어준 사람들을 만날까 두려워했다.
남이 넉넉하지 못해 진휼할 때는 가난하고 천한 사람부터 먼저 했다. 집안에는 남은 재산이 없었고 의복은 채색되지 않는 것을 입었다. 음식은 맛을 중요하게 여기지 않았고 타는 것은 소가 끄는 수레[①]에 지나지 않았다. 오로지 남의 급한 일을 좇아다니면서 자신의 사사로운 일보다 먼저 했다.
이미 몰래 계포季布 장군의 고난을 벗겨 주었으나[②] 계포가 존귀함에 이르자 죽는 날까지 다시 만나지 않았다. 함곡관의 동쪽 사람들은 주가와 교제하기를 목을 길게 빼고 원하지 않는 자가 없었다.
魯朱家者 與高祖同時 魯人皆以儒敎 而朱家用俠聞 所藏活豪士以百數 其餘庸人不可勝言 然終不伐其能 歆其德 諸所嘗施 唯恐見之 振人不贍 先從貧賤始 家無餘財 衣不完采 食不重味 乘不過軥牛[①] 專趨人之急 甚己之私 既陰脫季布將軍之阨[②] 及布尊貴 終身不見也 自關以東莫不延頸願交焉

① 軥牛구우

집해 서광이 말했다. "軥의 발음은 '구雊'이다." 살펴보니 《한서음의》에는 소우小牛라고 했다.
徐廣曰 音雊 駰案 漢書音義曰小牛

색은 앞 글자 軥의 발음은 '구[古豆反]'이다. 살펴보니 큰 소의 멍에는 액軶에 해당하니 작은 소는 구우軥牛가 되는 것이다.
上音古豆反 案 大牛當軶 小爲軥牛

② 季布將軍之阨계포장군지액

[색은] 몰래 계포 장군의 고난을 벗겨 주었다는 것이다. 살펴보니 계포는 한나라에서 현상금을 걸고 찾는 사람이 되었는데, 주가朱家가 계포의 머리에 항쇄를 채우고 종으로 삼아서 광류거廣柳車에 실어 나가게 했다. (계포가) 존귀함에 이르렀어도 만나보지 않았으니, 또한 뛰어난 절개와 지극한 의義의 선비이다. 그러나 계포는 마침내 주가의 은혜에 보답하는 것을 보여주지 않았다.

陰脫季將軍之厄 案 季布爲漢所購求 朱家以布髡鉗爲奴 載以廣柳車而出之 及尊貴而不見之 亦高介至義之士 然布竟不見報朱家之恩

초楚나라 전중田仲은 유협으로 소문이 나 있었다. 그는 칼을 쓰는 것을 좋아했고 주가를 아버지처럼 섬기면서 스스로 행동하는 것이 그에 미치지 못한다고 여겼다.
전중이 이미 죽은 뒤 낙양雒陽 땅에는 극맹劇孟이 있었다.
주周나라 사람들은 상업[상가商賈]을 기반으로 삼고 있었는데, 극맹은 임협任俠으로서 제후들에게 이름이 알려졌다. 오吳와 초楚 등 7개국이 반란을 일으켰을 때 조후條侯 주아부周亞夫가 태위太尉가 되어서 역마차驛馬車를 타고 장차 하남河南에 이르려고 할 때 극맹을 얻고 기뻐하며 말했다.
"오吳와 초楚 등이 반란을 일으키고도 극맹을 찾지 않았으니 나는 그들이 무능하다는 것을 능히 알 수 있을 뿐이다."
천하에 소요가 일자 재상宰相(태위)은 그를 얻은 것을 하나의 적국을 자신이 얻은 것과 같이 여겼다고 이른다.

극맹의 행실은 주가가 했던 일들과 대체로 비슷했다. 극맹은 육박 놀이[①]를 좋아해 소년들과 육박 놀이를 할 때가 많았다. 그러나 극맹의 어머니가 죽자 먼 곳에서 상례에 온 수레가 거의 1,000대나 되었다. 극맹이 죽음에 이르자 집안에는 10금의 재산도 남아 있지 않았다고 한다.

부리符離 사람 왕맹王孟 또한 유협으로 강수江水와 회수淮水 사이에서 일컬어졌다. 이때 제남濟南의 간씨瞯氏[②]와 진陳 땅의 주용周庸[③]도 또한 호걸로 알려졌는데, 경제景帝가 이 소문을 듣고 사신을 보내서 이들의 무리를 모두 죽였다.

그 뒤로는 대代 땅의 여러 백씨白氏,[④] 양梁 땅의 한무피韓無辟,[⑤] 양적陽翟의 설황薛兄,[⑥] 섬陜의 한유韓孺[⑦] 등이 분분紛紛하게 다시 출현했다.

楚田仲以俠聞 喜劍 父事朱家 自以爲行弗及 田仲已死 而雒陽有劇孟 周人以商賈爲資 而劇孟以任俠顯諸侯 吳楚反時 條侯爲太尉 乘傳車將至河南 得劇孟 喜曰 吳楚擧大事而不求孟 吾知其無能爲已矣 天下騷動 宰相得之若得一敵國云 劇孟行大類朱家 而好博[①] 多少年之戲 然劇孟母死 自遠方送喪蓋千乘 及劇孟死 家無餘十金之財 而符離人王孟亦以俠稱江淮之間 是時濟南瞯氏[②]陳周庸[③]亦以豪聞 景帝聞之 使使盡誅此屬 其後代諸白[④]梁韓無辟[⑤]陽翟薛兄[⑥]陜韓孺[⑦]紛紛復出焉

① 博박

색은 살펴보니 육박六博의 놀이이다.

按 六博戱也

② 瞯氏간씨

색은 瞯의 발음은 '간間'이다. 살펴보니 질도郅都에게 죽임을 당했다.

瞯音間 案 爲郅都所誅

③ 周庸주용

색은 진陳나라 사람이며 성은 주周이고 이름은 용庸이다.

陳國人 姓周名庸

④ 代諸白대제백

색은 대代는 대군이다. 사람 중에 백씨白氏가 있는데, (백씨 중에) 호협豪俠한 사람이 한 사람이 아니다. 그러므로 '제諸'라고 말한 것이다.

代 代郡 人有白氏 豪俠非一 故言諸

⑤ 韓無辟한무피

색은 양국梁國 사람이며 한韓은 성이고 무피無辟는 이름이다. 辟의 발음은 '피避'이다.

梁國人 韓姓 無辟名 辟音避

⑥ 兄황

색은 兄의 발음은 '황況'이다.

音況

⑦ 陜韓孺섬한유

집해 서광이 말했다. "섬陜은 아마도 '겹郟' 자가 되어야 마땅할 것이다. 영천군에 겹현郟縣이 있다. 〈남월열전〉에 '겹郟의 장사는 한천추韓千秋'라고 했다."

徐廣曰 陜 疑當作郟字 潁川有郟縣 南越傳曰 郟壯士韓千秋也

색은 섬陜은 마땅히 '겹郟' 자가 되어야 한다. 陜의 발음은 '염[如冉反]'이고 郟의 발음은 '급[紀洽反]'이다. 《한서》에는 '한유寒孺'로 되어 있다.

陜當爲郟 陜音如冉反 郟音紀洽反 漢書作寒孺

제二장

협객 곽해

곽해는 지현軹縣 땅[1] 사람으로 자字는 옹백翁伯이다. 그는 관상을 잘 보는 허부許負의 외손자이다. 곽해의 아버지는 임협으로 효문제 때 사형에 처해 졌다.

곽해의 사람됨은 키가 작고 날래고 사나웠는데 술을 마시지 않았다. 젊었을 때는 음험하고 잔인했는데[2] 분개하여 마음이 유쾌하지 않다고 몸소 죽인 바가 매우 많았다. 자신이 친구를 위해 원수를 갚아 주기도 하고 망명[3]한 자를 숨겨주기도 했지만 간악한 일을 만들고 협박하고 또한 돈을 위조하고 무덤을 파헤치기도 하는 등 진실로 나쁜 짓을 한 것을 이루다 셀 수가 없었다.

그런데도 마침 하늘의 도움이 있어서 군색한 지경에 이르면 항상 벗어날 수 있었고, 또 사면을 받기도 했다.

곽해가 장년長年이 되자 다시 절개를 꺾고 검소하게 되어 덕으로써 원수를 갚았고 후하게 베풀었으나 바라는 것은 적었다. 그러나 그 스스로 유협이 된 것을 기뻐함이 더욱 심해졌다.[4]

이미 자신이 남의 목숨을 구제하고도 그 공로를 자랑하지 않았고, 음험함과 잔인함이 마음속에 들어 있어, 마침내 화가 나면

째려보는 것은 이전과 같았다고 한다. 소년들이 그의 행실을 흠모하여 또한 언제나 그를 위해 원수를 갚아 주었지만 그에게 알려지지 않게 했다.

곽해의 누이 아들이 곽해의 위세를 믿고⑤ 남과 함께 술을 마실 때 술잔을 다 비우게 하며⑥ 그 사람이 술을 감당하지 못하는데도 억지로 반드시 마시게 했다. 그가 노여워 칼을 뽑아 곽해의 누이 아들을 살해하고 도망쳤다. 곽해의 누이가 원망하며 말했다.

"옹백翁伯의 의리義理로 남이 나의 아들을 살해했는데 해친 자를 잡지 못하는구나."

이에 그 아들의 시체를 길가에 버려두고 장사를 치르지 않고 곽해를 욕보이고자 했다. 곽해가 사람을 시켜서 해친 자가 있는 곳을 몰래 알아내게 했다. 해친 자가 군색해지자 스스로 돌아와 구체적인 사실을 곽해에게 고했다. 곽해가 말했다.

"그대가 살해한 것은 진실로 당연하다. 나의 아이가 옳지 못했다."

마침내 그 해친 자를 떠나보내고⑦ 그의 누이 아들이 죄가 있다고 여겨 이에 시체를 거두어 장례를 치렀다. 여러 공이 이 사실을 듣고 모두가 곽해가 의가 있다고 여겨서 더욱 많이 따랐다.

郭解 軹①人也 字翁伯 善相人者許負外孫也 解父以任俠 孝文時誅死 解爲人短小精悍 不飮酒 少時陰賊② 慨不快意 身所殺甚衆 以軀借交報仇 藏命③作姦剽攻 (不)休(及)〔乃〕鑄錢掘冢 固不可勝數 適有天幸 窘急常得脫 若遇赦 及解年長 更折節爲儉 以德報怨 厚施而薄望 然其自喜爲俠④益甚 旣已振人之命 不矜其功 其陰賊著於心 卒發於睚眦如故云 而少年慕其行 亦輒爲報仇 不使知也 解姊子負⑤解之勢 與人飮 使

之嚼[6] 非其任 彊必灌之 人怒 拔刀刺殺解姊子 亡去 解姊怒曰 以翁伯之義 人殺吾子 賊不得 棄其尸於道 弗葬 欲以辱解 解使人微知賊處 賊窘自歸 具以實告解 解曰 公殺之固當 吾兒不直 遂去其賊[7] 罪其姊子 乃收而葬之 諸公聞之 皆多解之義 益附焉

① 郭解軹곽해지

색은 《한서》에는 하내河內의 지軹 땅 사람이라고 했다.

漢書云河內軹人也

② 陰賊음적

색은 속마음으로 잔인하게 해친 것이다.

以內心忍害

③ 藏命장명

색은 살펴보니 망명亡命을 이른다.

案 謂亡命也

④ 喜爲俠희위협

색은 소림이 말했다. "성품에 협객이 된 것을 좋아했다는 말이다."

蘇林云 言性喜爲俠也

⑤ 負부

색은 부負는 시恃이다.

負 恃也

⑥ 使之嚼사지초

집해 서광이 말했다. "嚼의 발음은 '죠[子妙反]'이고 술을 다 비우게 하는 것이다."

徐廣曰 音子妙反 盡酒也

색은 嚼의 발음은 '죠[卽妙反]'이다. 술을 다 비우게 한 것을 이른다.

卽妙反 謂酒盡

⑦ 去其賊거기적

집해 서광이 말했다. "보내어 떠나가게 하는 것이다."

徐廣曰 遣使去

곽해가 외출하거나 들어올 때면 사람들은 모두 피했다. 그런데 한 사람이 홀로 두 다리를 뻗고 거만하게 앉아서 곽해를 쳐다보고 있었다.

곽해가 사람을 보내서 그 사람의 성명을 묻게 했는데, 빈객이 그를 죽이려고 하자 곽해가 말했다.

"읍邑의 집에 살면서 존경받지 못하는 것은 나의 덕이 부족하기 때문인데, 저 이가 무슨 죄가 있겠는가?"

이에 몰래 위사尉使에게 부탁해서 말했다.

"이 사람은 내가 소중하게 여기는 사람이오.①

천경踐更(군졸이 번갈아 교대하는 것) 때에 이르거든 면제해주시오."
매양 천경踐更에 이를 때마다 수차 그냥 지나갔고, 위사尉使도 찾지 않았다.② 괴이하게 여기고 그 까닭을 물으니 곽해가 시켜서 면제시켜주었다고 했다. 두 다리를 뻗고 앉아 있었던 자가 웃옷을 벗고 몸을 드러내어 사죄했다. 소년들이 이 소식을 듣고 더욱더 곽해의 행실을 흠모했다.
낙양 사람 중 서로 원수로 지내는 자들이 있었다. 읍邑 안에서 어진 호걸들이 10여 번이나③ 화해를 시도했으나 끝내 듣지 않았다. 객이 이에 곽해를 찾아 와 부탁을 했다. 곽해가 밤에 서로 원수로 지내는 집안을 찾아보자 원수로 지내는 사람들이 부득이 뜻을 굽혀 곽해의 말을 들었다.④ 곽해가 이에 원수진 집안에 말했다.
"내가 듣자니 낙양의 여러분이 이 사이에서 중재하고 있었는데, 모두 들어주지 않았다고 했소. 지금 그대들이 다행히도 나의 청을 들어주었지만 내가 다른 현縣에서 와서 어찌 이 고을 안의 어진 대부들의 권위를 빼앗겠습니까?"
이에 사람들이 알아채지 못하게 밤에 떠나면서 말했다.
"잠시 내 말대로 하지 말고⑤ 내가 떠나는 것을 기다렸다가 낙양의 호걸들이 그 사이에서 중재시키면, 곧바로 그의 말을 듣는 것으로 하시오."
解出入 人皆避之 有一人獨箕倨視之 解遣人問其名姓 客欲殺之 解曰 居邑屋至不見敬 是吾德不脩也 彼何罪 乃陰屬尉史曰 是人 吾所急也① 至踐更時脫之 每至踐更 數過 吏弗求② 怪之 問其故 乃解使脫之 箕踞者乃肉袒謝罪 少年聞之 愈益慕解之行 雒陽人有相仇者 邑中賢豪居

間者以十數③ 終不聽 客乃見郭解 解夜見仇家 仇家曲聽解④ 解乃謂仇家曰 吾聞雒陽諸公在此間 多不聽者 今子幸而聽解 解柰何乃從他縣奪人邑中賢大夫權乎 乃夜去 不使人知 曰 且無用⑤ (待我)待我去 令雒陽豪居其間 乃聽之

① 所急也소급야

색은 살펴보니 내 심중에 소중하다는 것을 일러서 인정이 몹시 중요한 까닭이 됨을 말한 것이다.《한서》에는 '중重' 자로 되어 있다.

案 謂吾心中所急 言情切急之謂 漢書作重也

② 吏弗求이불구

집해 여순이 말했다. "경更에는 삼품三品이 있는데 졸경卒更이 있고, 천경踐更이 있고, 과경過更이 있다. 옛날에 정졸正卒만 있고 일정하게 정해진 사람이 없어서 모두가 번갈아 가며 그것을 담당했다. 한 달에 일경更을 하는 것, 이것을 졸경卒更이라 한다. 가난한 자는 경更을 품으로 해서 돈 댈 자를 찾으려 했고, 다음에 번을 서는 자는 돈을 내고 품을 사는데, 월 2,000이었다. 이것을 천경踐更이라고 한다.《율설》에는 졸경卒更과 천경踐更은 현縣 안에서 5개월 동안 거주하다가 이에 번을 바꾼다. 뒤에 위률尉律에 따라 졸경卒更과 천경踐更은 1개월 쉬고 11개월은 번을 선다."

如淳曰 更有三品 有卒更 有踐更 有過更 古有正卒無常人 皆當迭爲之 一月一更 是爲卒更也 貧者欲得顧更錢者 次直者出錢顧之 月二千 是爲踐更也 律說卒更踐更者 居縣中五月乃更也 後從尉律 卒踐更一月休十一月也

색은 數의 발음은 '삭朔'이다. 자주 (천경을) 면하는 것을 이른다. 또한 數의 발음은 '수數'인데 수數도 또한 자주의 뜻이다.

數音朔 謂頻免之也 又音色主反 數亦頻也

③ 數수

색은 數의 발음은 '수[色具反]'이다.

色具反

④ 仇家曲聽解구가곡청해

색은 구가곡청仇家曲聽은 뜻을 굽혀 곽해의 말을 들어 준 것을 이른다.

仇家曲聽 謂屈曲聽解也

⑤ 無用무용

색은 살펴보니 《한서》에는 "무용無庸"으로 되어 있다. 소림이 말했다. "또 내가 (중재했다고) 말하지 말고, 내가 떠나는 것을 기다려 낙양의 호걸들에게 중재(거간)하게 하라는 것이다."

按 漢書作無庸 蘇林曰 且無使用吾言 待我去 令洛陽豪居其間也

곽해는 자신의 몸가짐을 공경히 해서 현청에 볼일이 있어서 들어갈 때 감히 수레를 타고 가지 않았다. 또 곁의 군국郡國에 가서 남을 위해 일을 청구할 때도 일이 가능한 것인지를 알아보고 나갔고, 불가한 것은 각각 그들의 뜻을 따른 연후에야 감히 술과 음식을 맛보았다. 여러 공公은 이런 까닭에 엄중하게 여겼고 서로가 다투어 써주었다. 읍邑 안의 소년과 근방 현縣의 어진 호걸들이 한밤중에도 집을 방문해서 항상 10여 대의 수레가 있었다. 이들은 곽해가 숨겨주려는 망명객들을 자신들이 데려가 보호하려는 자들이었다.①

호족과 부자들을 무릉武陵으로 이주시킬 때 곽해는 집안이 가난해서 재산이 미달했지만② 관리는 (명성이) 두려워서 감히 이주시키지 않을 수 없었다. 이에 위청 장군이 곽해를 위해 말했다.

"곽해는 집안이 가난해서 이주 조건에 맞지 않습니다."

무제가 말했다.

"포의布衣인데 임의로 장군에게 말해 주게 할 정도라면 이는 그 집안이 가난하지 않은 것이오."

곽해의 집은 마침내 이주했는데, 여러 공公이 낸 전별금만 수천 전이었다.

解執恭敬 不敢乘車入其縣廷 之旁郡國 爲人請求事 事可出 出之 不可者 各厭其意 然後乃敢嘗酒食 諸公以故嚴重之 爭爲用 邑中少年及旁近縣賢豪 夜半過門常十餘車 請得解客舍養之① 及徙豪富茂陵也 解家貧 不中訾② 吏恐 不敢不徙 衛將軍爲言 郭解家貧不中徙 上曰 布衣權至使將軍爲言 此其家不貧 解家遂徙 諸公送者出千餘萬

① 解客舍養之 해객사양지

색은 여순이 말했다. "곽해는 망명한 자들을 숨겨주는 일이 많았다. 그러므로 나이가 젊은 사람과 곽해의 동지들이 일을 기뻐하고, 망명한 자들 대다수가 곽해에게 돌아가야 한다는 것을 알았다. 그러므로 많은 이들이 수레를 이끌고 와 곽해에게 도망쳐온 자를 맞이해 감추어 주고자 한 것이다.”

如淳云 解多藏亡命者 故喜事年少與解同志者 知亡命者多歸解 故多將車來 欲爲解迎亡者而藏之者也

② 不中訾부중자

색은 부중자不中貲는 살펴보니 자산이 300만 금 이상 채우지 않으면 부중不中이 된다.

不中貲 案 貲不滿三百萬已上爲不中

지軹 땅의 양계주楊季主의 아들이 현縣의 아전이 되어서 곽해를 이사시켰다. 곽해 형의 아들이 양계주의 아들인 현의 아전 목을 잘라버렸다. 이로 말미암아 양씨楊氏와 곽씨가 원수가 되었다.

곽해가 관關으로 들어오자 관중關中의 현명한 호걸들이 곽해를 아는 자나 알지 못하는 자를 가릴 것이 없이 그의 명성을 듣고 곽해와 사귀며 즐기기를 서로 다투었다.

곽해의 사람됨은 키가 작고 몸도 작았으며 술을 마시지 않았다. 외출할 때는 일찍이 말을 탄 적이 없었다. 이미 또 (누군가) 양계주를 죽였다. 또 양계주의 집안에서 글을 올리려 하자 어떤 사람이 또 대궐의 문 아래에서 살해해 버렸다. 주상이 이러한 소문을 듣고 관리에게 시켜서 곽해를 체포토록 했다.

곽해가 도망치면서 그의 어머니와 아내를 하양夏陽[1] 에 놓아두고 자신은 임진臨晉[2] 에 이르렀다. 임진臨晉에 사는 적소공籍少公은 평소 곽해를 알지 못했는데, 곽해는 거짓 이름을 대고 이어서 관문 밖으로 나가게 해 줄 것을 요구했다. 적소공이 이윽고 곽해를 관문 밖으로 나가게 하자 곽해는 태원太原으로 돌아 들어갔는데, 지나는 곳마다 번번이 주인의 집에 (자신의 이름을) 알렸다. 관리가 그를 쫓아 적소공의 집에 이르렀다. 적소공은 자살하여 그의 입을 막았다. 오래 지나서야 곽해를 체포했다. 그가 저지른 죄를 모두 추궁했다. 곽해가 저지른 살인은 모두가 사면 전에 있었던 일이었다.

軹人楊季主子爲縣掾 擧徙解 解兄子斷楊掾頭 由此楊氏與郭氏爲仇 解入關 關中賢豪知與不知 聞其聲 爭交驩解 解爲人短小 不飮酒 出未嘗有騎 已又殺楊季主 楊季主家上書 人又殺之闕下 上聞 乃下吏捕解 解亡 置其母家室夏陽[1] 身至臨晉[2] 臨晉籍少公素不知解 解冒 因求出關 籍少公已出解 解轉入太原 所過輒告主人家 吏逐之 跡至籍少公 少公自殺 口絶 久之 乃得解 窮治所犯 爲解所殺 皆在赦前

① 夏陽하양

집해 서광이 말했다. "풍익馮翊에 속한다."

徐廣曰 屬馮翊

정의 고성故城은 동주同州 한성현韓城縣 남쪽 20리에 있고, 한나라 하양夏陽이다.

故城在同州韓城縣南二十里 漢夏陽也

② 臨晉임진

정의 고성故城은 동주同州 풍익현 서남쪽 2리에 있다

故城在同州馮翊縣西南二里

지軹 땅에 유생儒生이 있어 곽해를 체포한 자와 한자리에 앉아 있었는데, 곽해의 식객이 곽해를 칭찬하자 유생이 말했다.

"곽해는 오로지 간사하게 공법公法을 범하고 있는데 어찌하여 어질다고 이르는 것이오."

곽해의 객들이 듣고 이 유생을 죽여서 그의 혀를 끊어 버렸다. 관리가 이것을 곽해에게 추궁했으나 죽인 자를 알지 못했다. 죽인 자도 또한 마침내 소식이 단절되고 누가 그러했는지를 알지 못했다. 관리는 곽해가 죄가 없다고 아뢰었다.

어사대부인 공손홍이 의논해서 말했다.

"곽해는 포의布衣(보통 백성)로서 임협이 되어 권력을 행사하고 눈을 흘긴 정도의 일을 가지고 사람을 죽인 것입니다. 곽해는 비록 알지 못했더라도 이 죄는 곽해가 죽인 것보다도 심합니다. 대역무도죄에 해당합니다."

마침내 곽해 옹백翁伯의 가족을 멸족시켰다. 이러한 일이 있은 뒤로부터는 협객이 된 자들이 지극히 많았으나 오만하기만① 할 뿐 족히 헤아릴 만한 자가 없었다. 그러나 관중關中에서 장안長安의 번중자樊仲子, 괴리槐里의 조왕손趙王孫, 장릉長陵의 고공자高公子, 서하西河의 곽공중郭公仲, 태원太原의 노공유鹵公孺,② 임회臨淮의 아장경兒長卿, 동양東陽의 전군유田君孺,③ 등이 비록 유협이었지만 주저주저 물러나며 사양하는 군자의 풍모가 있었다.

또 북도北道의 요씨姚氏,④ 서도西道의 여러 두씨杜氏, 남도南道의 구경仇景, 동도東道의 조타우趙他羽 공자公子,⑤ 남양南陽의 조조趙調와 같은 무리에 이르러서는 이들은 도척盜跖이 백성 사이에 사는 것일 뿐이니, 어찌 족히 이야기할 것이겠는가? 이들은 앞에 있는 주가朱家가 부끄럽게 여길 자들이다.

軹有儒生侍使者坐 客譽郭解 生曰 郭解專以姦犯公法 何謂賢 解客聞殺此生 斷其舌 吏以此責解 解實不知殺者 殺者亦竟絶 莫知爲誰 吏奏解無罪 御史大夫公孫弘議曰 解布衣爲任俠行權 以睚眦殺人 解雖弗知 此罪甚於解殺之 當大逆無道 遂族郭解翁伯 自是之後 爲俠者極衆敖①而無足數者 然關中長安樊仲子 槐里趙王孫 長陵高公子 西河郭公仲 太原鹵公孺② 臨淮兒長卿 東陽田君孺③ 雖爲俠而逡逡有退讓君子之風 至若北道姚氏④ 西道諸杜 南道仇景 東道趙他羽公子⑤ 南陽趙調之徒 此盜跖居民間者耳 曷足道哉 此乃鄕者朱家之羞也

① 敖오

집해 서광이 말했다. "오敖는 거倨(거만하다)이다."

徐廣曰 敖 倨也

② 太原鹵公孺태원노공유

집해 서광이 말했다. "안문鴈門에는 노성鹵城이 있다."

徐廣曰 鴈門有鹵城也

색은 태원太原의 노옹鹵翁이다. 《한서》에는 "노공유魯公孺"로 되어 있다. 노魯는 성姓이라 하여 서광의 설명과는 동일하지 않다.

太原鹵翁 漢書作魯公孺 魯 姓也 與徐廣之說不同也

③ 田君孺전군유

색은 《한서》에는 "진군유陳君孺"로 되어 있다. 그렇다면 '진陳'과 '전田'은 발음이 서로 비슷하고 또한 본래 동성이다.

漢書作陳君孺 然陳田聲相近 亦本同姓

정의 그 동양東陽은 아마도 패주貝州 역정현歷亭縣일 것이어서 제나라와 가깝다고 하는 까닭이다.

其東陽蓋貝州歷亭縣者 爲近齊故也

④ 北道姚氏북도요씨

색은 북도제요北道諸姚이다. 소림이 말했다. "도道는 방方과 같다." 여순이 말했다. "경사京師에서 사방으로 나가는 길이다."

北道諸姚 蘇林云 道猶方也 如淳云 京師四出道也

⑤ 趙他羽公子조타우공자

색은 옛날의 해석은 조타趙他와 우공자羽公子 두 사람으로 여겼는데, 지금 살펴보니 이 사람의 성은 조趙이고, 이름은 타우他羽이고, 자는 공자公子이다.

舊解以趙他羽公子爲二人 今案 此姓趙 名他羽 字公子也

태사공은 말한다.
나는 곽해를 살펴본 적이 있었는데, 그의 얼굴 모습은 보통 사람에게도 미치지 못했고 그의 언어에도 족히 취할 것이 없었다. 그러나 천하에서 어진 자나 어질지 못한 자, 아는 자나 알지 못하는 자, 할 것 없이 모두가 그의 명성을 사모하고, 유협을 말하는 자는 모두가 그를 인용해서 이름으로 삼았다. 속담에 이르기를 '사람이 영예로운 이름을 얼굴로 삼는다면 어찌 다함이 있겠는가![①]'라고 했다. 아! 슬프구나.
太史公曰 吾視郭解 狀貌不及中人 言語不足採者 然天下無賢與不肖知與不知 皆慕其聲 言俠者皆引以爲名 諺曰 人貌榮名 豈有既乎[①] 於戲 惜哉

① 豈有既乎 기유기호

집해 서광이 말했다. "사람은 얼굴의 생김새로 모양을 삼는 자는 곧 모양에 쇠락함이 있다. 오직 영화로운 이름을 써서 겉을 꾸미는 것으로 삼는다면 명예가 일컬어지는 것이 끝이 없을 것이다. 기既는 '진盡'(다하다)이다.
徐廣曰 人以顏狀爲貌者 則貌有衰落矣 唯用榮名爲飾表 則稱譽無極也 既 盡也

색은술찬 사마정이 펼쳐서 밝히다.
유협들은 호방하여 명성이 자자했다. 고을에서 권력을 행하고 힘으로 공경公卿을 꺾었다. 주가는 계포의 고난을 벗겨 주었고, 극맹은 잘못된 것을 바로잡았다. 급한 사람의 어려움을 천경踐更 때 면제시켜 보상해주었다. 위대하도다! 옹백이여, 사람들이 영예로운 이름의 본보기로 삼았으니!

游俠豪倨 藉藉有聲 權行州里 力折公卿 朱家脫季 劇孟定傾 急人之難 免讎於更 偉哉翁伯 人貌榮名

사기 제125권 史記卷一百二十五

영행열전 佞幸列傳

사기 제125권 영행열전 제65

史記卷一百二十五 佞幸列傳第六十五

신주 영행佞幸이란 능력과 자질이 아니라 아첨으로 임금의 총애를 얻는 경우를 말하는데, 아첨으로 총애를 받는 자, 또는 그런 환관宦官들을 총칭한다. 사마천은 속담에서 "착하게 벼슬살이하는 것은 군주를 잘 만나느니만 같지 못하다."라는 말을 인용하면서 〈영행열전〉을 풀어나가고 있다. 이 말은 곧 능력으로 임금에게 총애받으려고 하기보다는 임금의 뜻에 맞추어 총애받으려고 하는 것이 더 나을 것이라는 의미이다.

이에 그러한 사례로 고조高祖부터 무제武帝에 이르기까지 미색이나 아첨阿諂으로 총애받았던 영신佞臣들에 관하여 적어 놓았다.

고조와 혜제 때에는 적유籍孺와 굉유閎孺가 있었다. 두 사람은 재능이 있었던 것도 아닌데 한갓 얼굴이 예쁘고 아첨하는 것으로 천자가 아끼고 사랑하여 천자와 함께 기거起居할 정도였다. 이 때문에 모든 신하들이 이들에게 의지해 말을 전해야 했다. 혜제 때는 낭郎과 시중侍中들 모두가 준의鵔鸃의 깃털과 조개껍데기로 장식하고 연지와 분으로 화장하는 것이 유행했었다고 한다.

효문제 때에는 등통鄧通, 조동趙同, 북궁백자北宮伯子가 있었다. 조동과 북궁백자는 남다른 재주가 있어 총애받았지만, 등통은 아무 재주도 없었다. 그러나 그는 모든 일에 성실하고 신중하였고, 문제가 종기를 앓고 있으면 입으로 그 고름을 빨아낼 정도로 아첨했다.

경제景帝 때에는 주문인周文仁이 있었다. 그는 보통 사람들이 총애받는 것보다는 으뜸이었으나 그리 심하게 두터운 것은 아니었다고 한다.

무제武帝 때에는 한언韓嫣과 이연년李延年이 있었다. 한언은 어릴 때 무제와 동문수학한 친분이 있었고, 이연년은 광대 출신으로 노래와 작곡을 잘하여 '협성률協聲律'로 불리었으며, 무제와 함께 기거할 정도로 사랑받았다.

하지만 사마천은 그의 평설에서 위나라의 미소년 미자하彌子瑕를 거론했는데, 이것은 아무리 아름다운 꽃일지라도 시들면 버려지듯이 영신佞臣도 임금의 사랑이 식으면 버림받는다는 것을 시사한 것이다. 포표鮑彪의 《전국책주戰國策注》에 보면 위영공衛靈公과 미자하 간의 내막을 적고 있다.

"미자하는 뛰어난 외모 때문에 영공이 몹시 총애寵愛하였다. 그러던 중 어머니가 병이 나자 허락도 없이 영공의 수레를 몰래 타고 문병을 갔다. 나라 법에는 임금의 수레를 몰래 타는 사람에게 발이 잘리는 벌을 받게 되어 있었지만, 영공은 오히려 효성스럽다고 칭찬했다.

어느 날 과수원을 거닐다가 미자하가 복숭아를 따서 맛을 보았는데, 그 맛이 매우 달자 반쯤 먹던 것을 영공께 드린다. 그러자 영공은 '얼마나 나를 사랑하면 자기 먹던 것까지 줄까?'라며 그 행동을 매우 칭찬하였다.

세월이 흘러 미자하의 미색이 쇠하자 영공의 사랑도 식었다. 이때 영공에게 죄를 지었다. 이에 영공은 '너는 본래 성품이 좋지 못한 자이다. 예전에 건방지게 내 수레를 타고 가 문병하고, 자기 먹던 걸 내 입에 먹인 일도 있다.'라며 벌을 주었다."

이처럼 총애받고 있을 때와 총애를 잃었을 때 임금의 대우는 천양지차天壤之差이다. 사마천이 '영행佞幸'한 자들의 전말顚末을 70권의 열전 중에 재록載錄한 것은 아마도 임금과 신하 모두에게 경각심을 일깨워 주기 위해서였을 것이다.

제一장

효문제가 아낀 등통

속담에 말하기를 "힘써 농사를 짓는 것은 풍년을 만나는 것만 못하고, 착하게 벼슬살이하는 것은 사람을 잘 만나는 것[①]만 못하다."라고 했다. 진실로 빈말이 아니다. 오로지 여자만이 아름다운 얼굴로 아양 떠는 것뿐만 아니라 선비가 벼슬하는 데에도 또한 그러한 일이 있다.

옛날에는 용모를 가지고 총애 받은 자들이 많았다. 한나라가 발흥함에 이르러 고조高祖는 지극히 사납고 강직했지만,[②] 적유籍孺는 아첨하여 총애를 받았다. 효혜제 때는 굉유閎孺가 있었다.[③] 이 적유籍孺와 굉유閎孺 두 사람은 재능이 있었던 것도 아닌데 한갓 얼굴이 예쁘고 아첨하는 것으로 천자가 아끼고 사랑하여 천자와 기거를 함께하니 공경들도 모두 그들을 통해서 말을 전달했다.[④] 그러므로 효혜제 때는 낭郎과 시중侍中, 모두 준의鵕鸃의 깃털을 세운 관을 쓰고 조개껍데기로 장식한 띠를 차고[⑤] 연지와 분을 발라서[⑥] 굉閎과 적籍과 같은 무리로 변화되었는데, 적유籍孺와 굉유閎孺 두 사람은 옮겨서 안릉安陵[⑦]에 살았다.

諺曰 力田不如逢年 善仕不如遇[①]合 固無虛言 非獨女以色媚 而士宦亦

有之 昔以色幸者多矣 至漢興 高祖至暴抗[②]也 然籍孺以佞幸 孝惠時有閎孺[③] 此兩人非有材能 徒以婉佞貴幸 與上臥起 公卿皆因關說[④] 故孝惠時郎侍中皆冠鵔鸃 貝帶[⑤] 傅[⑥]脂粉 化閎籍之屬也 兩人徙家安陵[⑦]

① 遇우

집해 서광이 말했다. "우遇는 다른 판본에는 '우偶'로 되어 있다."

徐廣曰 遇 一作偶

② 暴抗폭강

색은 폭강暴伉(난폭하게 대항하다)이다. 伉의 발음은 '강[苦浪反]'이다. 난폭하고 사나우며 굳게 항거하는 것을 말한다.

暴伉 伉音苦浪反 言暴猛伉直

③ 籍孺~閎孺적유~굉유

정의 적籍과 굉閎은 모두 이름이다. 유孺는 나이가 어린 것이다.

籍 閎 皆名也 孺 幼小也

④ 皆因關說개인관설

색은 살펴보니 관關의 훈訓은 통通(통하다)이다. 공경公卿이 그를 통해 그 사설詞說을 전달하는 것을 이른다. 유씨가 말했다. "언설言說하는 바 있으면 모두 그를 관유關由하는 것이다."

按 關訓通也 謂公卿因之而通其詞說 劉氏云 有所言說 皆關由之

⑤ 冠鵔鸃 貝帶관준의 패대

집해 《한서음의》에서 말한다. "준의鵕鸃는 새 이름이다. 털과 깃으로 관을 꾸미고 패貝로 띠를 꾸미는 것이다."

漢書音義曰 鵕鸃 鳥名 以毛羽飾冠 以貝飾帶

색은 준의鵕鸃에 대해 응소는 새의 이름이고 털로써 관을 장식한 것이라고 일렀고, 허신許愼은 별조鷩鳥라고 했다. 《회남자》에서 말한다. "조나라 무령왕이 패대준의貝帶鵕鸃를 입었다." 《한관의》에서 말한다. "진秦나라가 조나라를 무너뜨리고 그의 관冠을 시중侍中에게 하사했다." 《삼창》에서 말한다. "준의鵕鸃는 신조神鳥이며 날 때 광채가 하늘에 빛난다."

鵕鸃 應劭云 鳥名 毛可以飾冠 許愼云 鷩鳥也 淮南子云 趙武靈王服貝帶鵕鸃 漢官儀云 秦破趙 以其冠賜侍中 三倉云 鵕鸃 神鳥也 飛光映天者也

⑥ 傅부

색은 傅의 발음은 '부付'이다.

上音付

신주 부傅는 '바르다'의 의미이다.

⑦ 安陵안릉

정의 혜제惠帝의 능읍陵邑이다.

惠帝陵邑

효문제 때 궁중에서 총애하는 신하가 선비로는 등통鄧通, 환관宦官으로는 조동趙同① 과 북궁백자北宮伯子② 였다. 북궁백자는 사람을 사랑하는 장자長者로, 조동은 별의 기를 살피는 것으로 총애를 받았으며 늘 문제를 위해 참승參乘했으나 등통은 별다른 재주가 없었다. 등통은 촉군蜀郡의 남안南安③ 사람이다. 배의 노를 잘 저어④ 황두랑黃頭郞⑤ 이 되었다.

孝文時中寵臣 士人則鄧通 宦者則趙同① 北宮伯子② 北宮伯子以愛人長者 而趙同以星氣幸 常爲文帝參乘 鄧通無伎能 鄧通 蜀郡南安人③ 也 以濯船④ 爲黃頭郞⑤

① 趙同조동

색은 살펴보니 《한서》에는 '조담趙談'으로 되어 있고, 이곳에서 '동同' 자라고 한 것은 태사공의 아버지 이름을 피한 것이다.

案 漢書作趙談 此云同者 避太史公父名也

② 北宮伯子북궁백자

정의 안顏이 말했다. "성姓은 북궁北宮이고 이름은 백자伯子이다." 살펴보니 백자伯子는 이름이다. 북궁北宮의 환관이다.

顏云 姓北宮 名伯子也 按 伯子 名 北宮之宦者也

③ 南安남안

집해 서광이 말했다. "뒤에 건위犍爲에 속했다."

徐廣曰 後屬犍爲

④ 濯船도선

색은 濯의 발음은 ‘도棹’이고 ‘잪[遲教反]’로도 발음한다.

濯音棹 遲教反

신주 도선濯船은 노로 배를 젓는 것이다.

⑤ 黃頭郎황두랑

집해 서광이 말했다. “노란 모자를 쓴 것이다.” 살펴보니 《한서음의》에서 말한다. “못 안에서 배를 잘 저었다는 것이다. 일설에는 능히 잘 빼어내 배를 운행하는 것이다. 토土는 수水의 모母이다. 그러므로 황색의 깃발을 뱃머리에 베풀어 이에 따라 그 낭郎을 이름해서 황두랑黃頭郎이라 했다.”

徐廣曰 著黃帽也 駰案 漢書音義曰 善濯船池中也 一說能持擢行船也 土 水之母 故施黃旄於船頭 因以名其郎曰黃頭郎

효문제가 어느 날 꿈에 하늘로 오르고자 하는데 능히 오르지 못했다. 그런데 1명의 황두랑이 있어서 뒤에서 밀어주어 하늘로 오를 수가 있었다. 이에 뒤를 돌아보니 그가 입은 옷에 등솔기[1]가 보였는데, 띠의 뒤에 솔기가 터져 있었다. 꿈에서 깨어나[2] 점대漸臺[3]로 가서 꿈속에서 몰래 가만히 밀어 올려준 황두랑을 눈여겨 보았는데, 곧 등통이 그의 옷 뒤가 터져 있는 것을 보았는데 꿈속에서 본 그 사람이었다. 불러서 그의 성명을 물었다. 성은 등씨이고 이름은 통이라고 했다. 문제가 기뻐하여[4] 높이고 총애함이 날마다 달라졌다.

등통도 또한 성실하고 신중하여 궁 밖의 사람을 사귀는 것을 좋아하지 않았고 비록 머리를 감고 목욕하는 휴가를 주어도 밖으로 나가고자 하지 않았다. 이에 문제는 상으로 등통에게 거만금을 10여 차례나 하사했고[⑤] 관직은 상대부에 이르렀다.

孝文帝夢欲上天 不能 有一黃頭郎從後推之上天 顧見其衣裻[①]帶後穿 覺[②]而之漸臺[③] 以夢中陰目求推者郎 卽見鄧通 其衣後穿 夢中所見也 召問其名姓 姓鄧氏 名通 文帝說焉[④] 尊幸之日異 通亦愿謹 不好外交 雖賜洗沐 不欲出 於是文帝賞賜通巨萬以十數[⑤] 官至上大夫

① 裻독

집해 서광이 말했다. "어떤 판본에는 이 글자가 없다."

徐廣曰 一無此字

색은 裻의 발음은 '독篤'이다. 독裻은 저고리의 허리를 가로질러 매는 것이다.

音篤 裻者 衫襦之橫腰者

② 覺교

색은 覺의 발음은 '교敎'이다.

覺音教

신주 교覺는 잠에서 깨는 것이다.

③ 漸臺점대

정의 《괄지지》에서 말한다. "점대漸臺는 장안의 고성 안에 있다. 《관중기》에는 미앙궁 서쪽에 창지蒼池가 있고 창지의 안에 점대가 있는데, 왕망이 이 대臺에서 죽었다고 한다."

括地志云 漸臺在長安故城中 關中記云未央宮西有蒼池 池中有漸臺 王莽死於此臺

④ 文帝說焉문제열언

색은 《한서》에는 "주상이 '등鄧은 등登(오르다)과 같다.'라고 하고 그것을 기뻐한 것이다."라고 했다.

漢書云 上曰鄧猶登也 悅之

⑤ 巨萬以十數거만이십수

정의 등통에게 거만巨萬을 하사한 것이 10번에 이른 것을 말한다.

言賜通巨萬以至於十也

문제는 때때로 등통의 집으로 가서 놀이를 즐겼다. 그러나 등통에게는 특별한 재능이 없었고 선비를 천거하는 일에도 능하지 못했다. 오직 스스로 그의 자신을 삼가고 주상에게 아첨할 따름이었다. 문제가 어느 날 관상을 잘 보는 자를 시켜 등통의 관상을 보게 했다. 관상가가 말했다.

"마땅히 가난하여 굶어 죽게 될 것입니다."

문제가 말했다.

"등통을 부유하게 할 수 있는 힘이 나에게 있다. 어찌하여 가난하다고 이르는 것인가?"
이에 등통에게 촉蜀 땅 엄도嚴道의 동산銅山(구리를 캐는 산)① 을 하사하고 스스로 돈을 주조할 수 있게 해주었으며 이것을 '등씨전鄧氏錢②'이라고 해서 천하에 배포했다. 그의 부유함이 이와 같았다.
文帝時時如鄧通家遊戲 然鄧通無他能 不能有所薦士 獨自謹其身以媚上而已 上使善相者相通 曰 當貧餓死 文帝曰 能富通者在我也 何謂貧乎 於是賜鄧通蜀嚴道銅山① 得自鑄錢 鄧氏錢② 布天下 其富如此

① 蜀嚴道銅山촉엄도동산

정의 《괄지지》에서 말한다. "아주雅州 영경현榮經縣 북쪽 3리에 동산銅山이 있는데 곧 등통鄧通이 동산銅山을 하사 받아 주전鑄錢을 한 곳이다." 살펴보면 영경榮經은 곧 엄도嚴道이다.
括地志云 雅州榮經縣北三里有銅山 卽鄧通得賜銅山鑄錢者 案 榮經卽嚴道

② 鄧氏錢등씨전

정의 《전보》에서 말한다. "문자文字는 량兩이라고 칭했고, 한漢나라 사수전의 무늬와 같았다."
錢譜云 文字稱兩 同漢四銖文

문제가 일찍이 악창을 앓았는데, 등통은 항상 문제를 위해서 애석하게 여기며 종기의 고름을 빨았다.① 문제는 달가워하지는 않고 조용히 등통에게 물어보았다.

"천하에서 누가 가장 나를 사랑하겠는가?"

등통이 대답했다.

"마땅히 태자와 같은 이가 없을 것입니다."

이에 태자가 들어와 병문안을 하는데, 문제가 종기의 고름을 빨라고 시켰다. 태자는 종기의 고름을 빨기는 하면서도 얼굴빛이 난처해했다. 이윽고 등통이 항상 문제를 위해 종기의 고름을 빨아낸다는 소문을 듣고 마음속으로 부끄러워하면서도 이로 말미암아 등통을 원망했다. 문제가 붕어하자 경제가 황제의 자리에 올랐다. 이에 등통을 면직시켜서 집에서 살게 했다.

얼마 지나지 않아 어떤 사람이 등통이 몰래 요새 밖으로 돈을 만들어 빼돌리고 있다고 고발했다. 옥리에게 내려서 조사하게 했는데 자못 그런 사실이 있었다. 마침내 끝까지 파헤치고 등통의 가산을 몰수해 오히려 거만금의 빚이 있게 되었다.

장공주長公主(경제의 누나)②가 등통에게 재물을 하사하자, 관리가 그 즉시 따라와서 몰수해 들이니,③ 비녀 하나도 몸에 붙일 수가 없었다. 이에 장공주가 의식을 빌려주게 했다.④ 그러나 마침내 한 푼도 가지지 못한 채⑤ 남의 집에서 의지해 살다가 죽었다.

文帝嘗病癰 鄧通常爲帝唶吮①之 文帝不樂 從容問通曰 天下誰最愛我者乎 通曰 宜莫如太子 太子入問病 文帝使唶癰 唶癰而色難之 已而聞鄧通常爲帝唶吮之 心慙 由此怨通矣 及文帝崩 景帝立 鄧通免 家居 居

無何 人有告鄧通盜出徼外鑄錢 下吏驗問 頗有之 遂竟案 盡沒入鄧通家 尙負責數巨萬 長公主[2]賜鄧通 吏輒隨沒入之[3] 一簪不得著身 於是長公主乃令假衣食[4] 竟不得名一錢[5] 寄死人家

① 唶吮책연

색은 唶의 발음은 '석[仕格反]'이고 吮의 발음은 '선[仕兗反]'이다.

唶 仕格反 吮 仕兗反

신주 연흡吮吸(빨아들이다)과 같다.

② 長公主장공주

집해 위소가 말했다. "경제의 누이이다."

韋昭曰 景帝姊也

색은 살펴보니 곧 관도공주館陶公主이다.

案 卽館陶公主也

③ 吏輒隨沒入之이첩수몰입지

색은 관리가 즉시 몰수해 들이는 것이다. 장공주가 별도로 물건을 등통에게 내린 것이 있었는데 관리가 즉시 몰수해서 장물 창고에 채워 넣은 것을 말한다.

吏輒沒入 謂長公主別有物賜通 吏輒沒入以充贓也

④ 假衣食가의식

색은 공주公主가 사람을 시켜 옷과 음식을 빌려준 것을 이른 것이다.

謂公主令人假與衣食

⑤ 竟不得名一錢경부득명일전

색은 살펴보니 처음에 천하에서 '등씨전鄧氏錢'이라고 이름한 것은 지금 다 몰수해서 마침내 1전錢의 이름도 없게 된 것이다.

按 始天下名鄧氏錢 今皆沒入 卒竟無一錢之名也

한언과 이연년

효경제 때에는 궁중에서 총애받는 신하가 없었다. 다만 낭중령郞中令 주문인周文仁①이 있었다. 주문인은 보통 사람들이 총애받는 것보다는 으뜸이었으나② 그리 심하게 두터운 것은 아니었다.

지금의 천자(무제)가 궁중에서 총애하는 신하는 선비로는 한왕韓王의 손자인 한언韓嫣③이었고, 환관으로는 이연년李年延이다. 한언은 궁고후弓高侯④ 퇴당頹當의 얼손孽孫이다. 지금의 주상이 교동왕膠東王이 되었을 때, 한언과 주상이 함께 글을 배웠으며 서로를 사랑했다. 당시 주상이 태자가 됨에 이르자 더욱더 한언과 친하게 지냈다. 한언은 말을 타고 활을 잘 쏘았으며 아첨을 매우 잘했다. 주상이 천자가 됨에 이르러 흉노를 정벌하고자 하니, 한언은 먼저 흉노의 병법을 익혔다. 이런 까닭으로 더욱 존귀해져서 관직이 상대부에 이르렀고, 상을 하사받은 것들이 문제 때 등통에 견주었다. 한때는 한언이 늘 무제와 기거起居를 함께했다.

孝景帝時 中無寵臣 然獨郎中令周文仁① 仁寵最過庸② 乃不甚篤 今天子中寵臣 士人則韓王孫嫣③ 宦者則李延年 嫣者 弓高侯④孽孫也 今上爲膠東王時 嫣與上學書相愛 及上爲太子 愈益親嫣 嫣善騎射 善佞 上

即位 欲事伐匈奴 而嫣先習胡兵 以故益尊貴 官至上大夫 賞賜擬於鄧通 時嫣常與上臥起

① 周文仁주문인

색은 살펴보니 《한서》에는 '주인周仁'이라고 일컫고 이곳의 위에는 '주문周文'이라고 일컫고 지금 '문文' 자를 아울렀으니 아마도 뒤에 사람이 더했을 것이다. 살펴보니 인仁의 자字는 문文이다.

案 漢書稱周仁 此上稱周文 今兼文作 恐後人加耳 案 仁字文

② 過庸과용

색은 총애가 보통을 지나쳐 가장 뛰어났다. 살펴보니 용庸은 상常(보통)이다. 주인周仁이 가장 은총을 입어 보통 사람보다 지나쳤으나 한언韓嫣과 같이 매우 돈독하지는 못한 것을 말한다.

寵最過庸 案 庸 常也 言仁最被恩寵 過於常人 乃不甚篤 如韓嫣也

③ 嫣언

색은 嫣의 발음은 '언偃' 또는 '언[於建反]'이다.

音偃 又音於建反

④ 弓高侯궁고후

집해 서광이 말했다. "한왕신韓王信의 아들 퇴당頹當이다."

徐廣曰 韓王信之子頹當也

강도왕江都王이 조회에 들어오자 따라와 상림원에서 사냥을 하라는 조명이 있었다. 천자의 수레가 행차하려고 벽제를 끝냈는데, 아직 천자의 수레가 행차하지 않고, 먼저 한언에게 부거副車를 타고 수백여 명의 기마병을 따르게 하여 상림원으로 달려가 짐승들의 현황을 살펴보게 했다.

강도왕이 멀리서 바라보고 천자라 생각해서 따르는 자에게 피하게 하고 모두 길옆에서 엎드려 배알했다. 그러나 한언이 말을 몰고 달려가면서 이를 보지 못했다. 이미 한언이 지나가자 강도왕이 노여워하고 황태후에게 울면서 말했다.

"청컨대 나라로 돌아와 숙위로 들어와서[①] 한언과 같이 견주게 해주십시오."

태후가 이로 말미암아 한언을 원망하게[②] 되었다. 한언은 주상을 모시고 궁녀들이 거처하는 영항永巷을 출입할 수 있었다. 이에 어떤 자가 황태후에게 궁녀들과 간통했다고 알렸다. 황태후가 노여워하고 사신을 시켜서 한언에게 죽음을 내리도록 했다. 주상이 한언을 위해 사죄를 했는데도 마침내 뜻을 관철시키지 못하여 한언이 끝내 죽게 되었다. 안도후安道侯 한열韓說[③]은 한언의 아우였는데 그도 또한 아첨으로 총애를 얻었다.

江都王入朝 有詔得從入獵上林中 天子車駕蹕道未行 而先使嫣乘副車 從數十百騎 騖馳視獸 江都王望見 以爲天子 辟從者 伏謁道傍 嫣驅不見 旣過 江都王怒 爲皇太后泣曰 請得歸國入宿衛[①] 比韓嫣 太后由此嗛[②]嫣 嫣侍上 出入永巷不禁 以姦聞皇太后 皇太后怒 使使賜嫣死 上爲謝 終不能得 嫣遂死 而案道侯韓說[③]其弟也 亦佞幸

① 請得歸國入宿衛청득귀국입숙위

색은 작위와 영지를 천자에게 돌려주고 들어와 숙위宿衛하겠다고 청한 것을 이른다.

謂還爵封於天子 而請入宿衛

② 嗛함

집해 서광이 말했다. "함嗛은 '함銜' 자와 동일하게 읽는다. 《한서》에는 '함銜' 자로 되어 있다."

徐廣曰 嗛 讀與銜同 漢書作銜字

③ 韓說한열

색은 說의 발음은 '열悅'이다. 한언韓嫣의 아우이다.

音悅 嫣弟

이연년은 중산中山 사람이다. 부모와 그 자신은 물론 형제와 그의 딸들은 모두 본래 광대였다. 이연년은 법에 저촉되어 부형腐刑(宮刑)을 당하고 천자의 사냥개를 맡아 관리하고[1] 있었다. 평양공주平陽公主(무제의 누나)는 이연년의 여동생이 춤을 잘 춘다고 말을 했다. 무제가 어느 날 그녀를 만나보고 마음속으로 기뻐하고 그녀를 영항永巷으로 들어오게 했는데 이르자 이연년을 불러서 귀하게 해주었다.

이연년은 노래를 잘 불렀는데, 변주하여 새로운 노래를 만들자

주상은 바야흐로 천지天地에 제사를 일으키고 음악에 맞는 시를 만들어 악기에 맞추어 연주하고자 했다. 이연년은 주상의 뜻을 잘 받들어 새로 만든 악장의 곡②을 연주케 했다. 그의 여동생은 또한 총애를 받아 사내아이를 두었다.

이연년은 2,000석 녹봉을 받는 인수를 차고 음악을 맡아 보는 장관이라는 '협성률協聲律'로 불리게 되었다. 주상과 기거를 함께하며 매우 귀하게 총애를 받고 한언과 동등한③ 대우를 받았다.

한참의 세월이 지나 이연년의 동생이 궁 안의 궁녀와 간통했고④ 또 출입이 교만하고 방자했다. 또 그의 여동생인 이부인李夫人이 죽음에 이르고 무제 사랑도 해이해지자 이연년의 형제들도 사로잡혀 처형되었다.

이런 일이 있은 뒤로는 대궐 안에서 사랑을 받는 신하들은 대개가 외척의 집안들이었다. 그러나 족히 숫자에 넣을 만하지 못했다. 위청이나 곽거병도 또한 외척으로 귀해지고 총애를 받았다. 그러나 자못 그 재능으로 스스로 진출한 것이었다.

李延年 中山人也 父母及身兄弟及女 皆故倡也 延年坐法腐 給事狗中① 而平陽公主言延年女弟善舞 上見 心說之 及入永巷 而召貴延年 延年善歌 爲變新聲 而上方興天地祠 欲造樂詩歌弦之 延年善承意 弦次初詩② 其女弟亦幸 有子男 延年佩二千石印 號協聲律 與上臥起 甚貴幸埒③如韓嫣也 久之 寖與中人亂④ 出入驕恣 及其女弟李夫人卒後 愛弛則禽誅延年昆弟也 自是之後 內寵嬖臣大底外戚之家 然不足數也 衛青霍去病亦以外戚貴幸 然頗用材能自進

① 給事狗中급사구중

집해 서광이 말했다. "사냥개를 주관한다."

徐廣曰 主獵犬也

색은 어떤 이는 견감犬監이라고 했다.

或犬監也

② 初詩초시

색은 초시初詩를 노래하는 것이다. 살펴보니 초시初詩는 곧 새로 지은 악장樂章이다.

歌初詩 按 初詩 卽所新造樂章

③ 埒날

집해 서광이 말했다. "날埒은 등等이다. 《촉도부》에는 '탁씨와 정씨는 명성이 동등하다.'라고 했다. 또 날埒이란 나란히 동등한 명성을 이른 것이다."

徐廣曰 埒 等也 蜀都賦曰 卓鄭埒名 又云埒者 疇等之名

④ 寖與中人亂침여중인란

집해 서광이 말했다. "일설에는 '좌제계여중인란坐弟季與中人亂'이라고 일렀다."

徐廣曰 一云坐弟季與中人亂

태사공은 말한다.

심하다! 사랑하고 미워하는 때여! 미자하彌子瑕[1]의 행실은 족히 후세 사람들에게 아첨하여 총애받는 것을 보여주기에 충분했다. 비록 100세대가 지나간다 해도 알만한 것이리라.

太史公曰 甚哉愛憎之時 彌子瑕[1]之行 足以觀後人佞幸矣 雖百世可知也

① 彌子瑕미자하

색은 위령공衛靈公의 신하이며 그 일은《설원》에 나타난다.

衛靈公之臣 事見說苑也

색은술찬 사마정이 펼쳐서 밝히다.

《전傳》에서는 아름다운 얼굴을 칭찬했고《시詩》에서는 교묘한 말을 비난했다. 관冠에 금계 깃털을 꼽고 들어와 모셨고, 분단장을 해서 은혜를 입었다. 황두랑 벼슬은 촉군 (등통에게) 내려지고 환관 (조동과 북궁백자)는 헌거에 올라 동석했다. (이연년은) 새로운 소리로 변주하여 도위에 올랐고 왕손 (한언은) 활을 끼고 잘 쏘았다. (용안군은) 고기를 잡고 울었고 미자하는 군주의 수레를 훔쳤는데, 스스로 옛이야기를 드러냈구나!

傳稱令色 詩刺巧言 冠鵕入侍 傅粉承恩 黃頭賜蜀 宦者同軒 新聲都尉 挾彈王孫 泣魚竊駕 著自前論

사기 제126권 史記卷一百二十六

골계열전 滑稽列傳

사기 제126권 골계열전 제66

史記卷一百二十六 滑稽列傳第六十六

색은 살펴보니 골滑은 난亂이다. 계稽는 동同이다. 논변에서 이기는 사람은 그른 것을 옳은 것처럼 말하고 옳은 것을 그른 것처럼 설명한다. 말로 다른지, 같은지를 헷갈리게 할 수 있는 것을 말한다.

按 滑 亂也 稽 同也 言辨捷之人言非若是 說是若非 言能亂異同也

신주 사마정司馬貞이 찬술讚述하기를 "골계滑稽란 술 담은 가죽 주머니에서 기름을 쏟는 듯, 가죽끈에 책을 꿰어 맨 듯한 것이다."라고 하여, 매끄럽고 논리적으로 꿰어맞추어 쏟아내는 말솜씨를 일컬었다. 그는 또 위에 색은 에서 "논변에서 이기는 사람은 그른 것을 옳은 것처럼 말하고 옳은 것을 그른 것처럼 설명한다."라고 했다. 따라서 그들의 익살스러운 말이나 행동이 청자聽者를 웃기기도 하고 울게도 하고, 때로는 감동도 주고 깨닫게 해준다. 그러나 시사적으로 중요한 일이 될 수 없는 까닭으로 〈유협열전〉처럼 골계滑稽도 야사에서나 볼 수 있을 법한 것들에 지나지 않는다.

하지만 사마천은 '세속에 휩쓸리지 않고 권세와 이익을 다투지 않아서 위와 아래가 응체凝滯된 바가 없었다.'라면서 열전 중에 한 편의 사편史編으로 엮어 70권 중 예순여섯 번째에 두었다. 이 안에는 전국시대부터 진시황이 통일하기까지의 인물 중 순우곤淳于髡, 우맹優孟, 우전優旃에 관한 일화를 실어 놓았는데, 그 뒤에 저소손褚少孫이 무제 때의 곽사인郭舍人, 동방삭東方朔, 동곽선생東郭先生, 왕선생王先生과 전국시대의 인물 순우곤, 서문표西門豹의 일화를 덧붙여 놓았다. 이들을 소략해서 소개하면 다음과 같다.

순우곤은 제齊나라 변사辯士로 학문이 깊고 넓어서 섭렵하지 않은 것이 없었다. 양혜왕이 그의 자질을 알아보고 등용하려 했으나 응하지 않았다고 한다. 〈맹자순경열전孟子荀卿列傳〉에는 "제齊나라 사람들이 '천문을 말하는 데에는 추연鄒衍이요, 용龍을 새기는 데에는 추석鄒奭이요, 언어가 유창하기로는 순우곤이다.'라고 칭송했다."라고 평했으니 그의 말솜씨가 어느 정도였는지 짐작하게 한다. 저소손도 재치 있는 일화인 '고니를 풀어준 이야기'를 적어서 그의 지혜를 돋보이게 했다.

우맹은 초나라의 이름난 배우이다. 해학과 기지로 장왕莊王을 깨우치게 했는데, 그로 인해 '우맹의관優孟衣冠'이란 말이 쓰이게 되었다. 그 이야기가 열전 속에 세세히 기록되어 있다.

우전은 진秦나라 시황제 때의 기형적으로 키가 작은 배우이다. 시황제가 원유苑囿를 넓히려 하자, 그 속에 많은 새와 짐승을 풀고 길러서 적이 동쪽에서 쳐들어오면 고라니나 사슴을 시켜 그들을 막게 하면 충분할 것이라는 해학으로 진시황의 계획을 그만두게 했다고 한다.

저소손이 익살꾼들을 덧붙였는데, 곽사인이 무제의 유모가 가족의 죄에 연루되어 변방으로 추방되려는 것을 구한 일, 동방삭의 재치, 동곽선생이 위청장군을 위한 조언, 왕선생이 북해태수에게 한 조언, 서문표가 현령으로 부임하여 그곳의 악습을 고친 일화 등을 기록해서 이편을 보완해 놓았다.

제一장

고대의 골계자

공자께서 말했다.

육예六藝는 다스리는 것에서 동일하다.① 《예》로써 사람을 절도 있게 한다. 《악》으로써 만물의 조화를 일으키게 한다. 《상서》로써 옛일로 도리를 알게 한다. 《시경》으로써 사람의 생각을 창달하게 한다. 《역》으로써 우주의 변화를 신비롭게 한다. 《춘추》로써 대의명분을 가늠하게 한다.

태사공은 말한다.

하늘의 도가 넓고 넓으니, 어찌 크다고 하지 않겠는가! 말하는 것이 은미隱微해도 사리에 맞는다면, 또한 분란을 해결할 수 있는 것이다.

孔子曰 六藝於治一也① 禮以節人 樂以發和 書以道事 詩以達意 易以神化 春秋以義 太史公曰 天道恢恢 豈不大哉 談言微中 亦可以解紛

① 六藝於治一也육예어치일야

정의 육예六藝의 글이 비록 다르더라도 예의禮儀의 절도와 음악音樂의 조화로 백성을 인도해 정사를 세우고 천하를 평정하는데, 그것은 하나의 도로 귀결된다고 말한 것이다. 담소 중 미묘한 가운데에 이르러서는 또 한 그 분란을 해결하니, 이 때문에 다스리는 것은 한 가지이다.

言六蓺之文雖異 禮節樂和 導民立政 天下平定 其歸一揆 至於談言微中 亦以解其紛亂 故治一也

순우곤淳于髡①이란 사람은 제齊나라 사람의 데릴사위였다.② 키는 7척尺이 안 되지만 익살스러운 말을 잘해 자주 제후들에게 사신으로 가서도 일찍이 굴욕당한 적이 없었다. 제나라 위왕威王은 수수께끼 풀기를 좋아했고③ 음탕한 음악을 연주하며 밤새도록 술 마시기를 즐겼는데 이에 빠져 다스리지 않고 모든 정사를 경대부卿大夫에게 위임했다.

온갖 관료들이 질서가 문란해지고 제후들이 아울러 침략해 국가가 또한 위태하고 멸망할 조짐이 조석 간에 있는데도 좌우의 신하들은 감히 간하는 사람이 없었다.

淳于髡①者 齊之贅壻也② 長不滿七尺 滑稽多辯 數使諸侯 未嘗屈辱 齊威王之時喜隱③ 好爲淫樂長夜之飮 沈湎不治 委政卿大夫 百官荒亂 諸侯竝侵 國且危亡 在於旦暮 左右莫敢諫

① 髡곤

색은 髡의 발음은 '곤[苦魂反]'이다.

苦魂反

② 贅壻也췌서야

색은 여자의 지아비이며 아들에 견준다면 사람의 우췌疣贅(혹)와 같은 것으로 이는 남아도는 물건이다.

女之夫也 比於子 如人疣贅 是餘剩之物也

③ 喜隱희은

색은 앞 글자 喜의 발음은 '히[許旣反]'이다. 희喜는 호好이다. 희은喜隱은 수수께끼를 좋아하는 것을 이른다.

上許旣反 喜 好也 喜隱謂好隱語

이에 순우곤이 수수께끼로 왕을 설득해서 말했다.

"나라 안에 큰 새가 있는데 왕의 조정에 앉아서 3년 동안 날지도 않고 또 울지도 않습니다. 왕께서는 이 새가 어떤 새인지 아시겠습니까?"

제위왕이 대답했다.

"이 새는 날지 않으면 그만이지만 한 번 날게 되면 하늘 높이 날 것이며 울지 않으면 그만이지만 한 번 울게 되면 사람들을 놀라게 할 것이다."

이에 왕은 깨달은 바가 있어 여러 현縣의 현령과 장로 72명을 조회에 들게 하여 1명에게는 상을 내리고 1명은 처단하여 군사들을 떨쳐서 출동케 했다. 제후들이 놀라 떨며 모두 제나라를 침범해서 빼앗은 땅을 돌려주었다. 위세를 떨친 기간이 36년이다.

이 이야기는 〈전경중완세가田敬仲完世家〉 중에 있다.

제나라 위왕 8년, 초나라에서 크게 군사들을 발동해서 제나라를 덮쳤다. 제나라 왕은 순우곤에게 조趙나라로 가서 구원병을 요청하게 했다. 황금 100근과 거마車馬 40필을 가져가게 했는데, 순우곤이 하늘을 쳐다보며 크게 웃자 관의 끈이 다 떨어졌다.①

왕이 말했다.

"선생께서는 적다고 여기는 것인가?"

순우곤이 말했다.

"어찌 감히 그렇게 여기겠습니까?"

왕이 말했다.

"웃었다면 아마도 기쁜 것이 있을 것인데?"

淳于髡說之以隱曰 國中有大鳥 止王之庭 三年不蜚又不鳴 不知此鳥何也 王曰 此鳥不飛則已 一飛沖天 不鳴則已 一鳴驚人 於是乃朝諸縣令長七十二人 賞一人 誅一人 奮兵而出 諸侯振驚 皆還齊侵地 威行三十六年 語在田完世家中 威王八年 楚大發兵加齊 齊王使淳于髡之趙請救兵 齎金百斤 車馬十駟 淳于髡仰天大笑 冠纓索絶① 王曰 先生少之乎 髡曰 何敢 王曰 笑豈有說乎

① 冠纓索絶관영색절

색은 살펴보니 색索은 훈訓이 진盡(모두, 다)이다. 갓의 끈이 다 떨어진 것을 말한다. 공연의 《춘추후어》에는 또한 "관영진절冠纓盡絶"로 되어 있다.

案 索訓盡 言冠纓盡絶也 孔衍春秋後語 亦作冠纓盡絶也

신주 입을 크게 벌린 웃음으로 인해서 갓끈이 끊어진 것이다. 조나라로 가져가는 폐백이 제나라 위왕이 바라는 것에 비해 턱없이 부족하다는 표현이다. 아래 농부의 풍년을 바라는 축원하는 말에서 이를 알 수 있다. 다시 말해서 위왕의 행실에 대한 실소失笑인 것이다.

순우곤이 말했다.
"지금 신이 동방으로부터 왔는데 길옆에서 풍년을 기원하는 자① 가 있는 것을 보았습니다. 한 마리의 돼지 발굽을 가지고 한 사발의 술을 올리며 축원하여 말하기를 '좁은 땅에서 거둔 수확 바구니에 차고② 아래의 낮은 밭에서 거둔 수확 수레에 가득 채워 주소서.③ 무성하고 알차게 익은 오곡 집안 가득, 철철 넘치게 하소서.'라고 빌고 있었습니다. 신은 그가 신에게 바치는 것은 작은데, 바라는 것은 사치스럽다고 보았기 때문에 웃었습니다."
이에 제나라 위왕이 황금 1,000일과 흰 구슬 10쌍雙과 거마車馬 400필을 선물로 준비하게 했다. 순우곤이 위왕에게 하직 인사를 하고 길을 떠나 조나라에 행했다.
조왕趙王은 순우곤에게 정예병 10만 병과 전차 1,000대를 주었다. 초나라에서 듣고 밤에 군사를 이끌고 떠나갔다. 제나라 위왕이 크게 기뻐하고 후궁에서 주연을 베풀며 순우곤을 불러서 술을 내리고 물었다.
"선생께서는 술을 마시는데, 어느 정도면 취하시오?"
"신은 한 말을 마셔도 취하기도 하고 한 섬을 마셔도 취하기도 합니다."

"선생께서 한 말을 마시고 취하는데 어떻게 능히 한 섬을 마시겠소? 한 섬으로 취할 수 있는 말씀을 들려주시겠소?"

髡曰 今者臣從東方來 見道傍有穰田者① 操一豚蹄 酒一盂 祝曰甌窶滿篝② 汙邪滿車③ 五穀蕃熟 穰穰滿家 臣見其所持者狹而所欲者奢 故笑之 於是齊威王乃益齎黃金千溢 白璧十雙 車馬百駟 髡辭而行 至趙 趙王與之精兵十萬 革車千乘 楚聞之 夜引兵而去 威王大說 置酒後宮 召髡賜之酒 問曰 先生能飲幾何而醉 對曰 臣飲一斗亦醉 一石亦醉 威王曰 先生飲一斗而醉 惡能飲一石哉 其說可得聞乎

① 穰田者양전자

색은 살펴보니 농사를 위해 풍년의 복을 구하는 것을 이르는 것이다.

案 謂爲田求福穰

② 甌窶滿篝구루만구

집해 서광이 말했다. "구篝는 바구니이다."

徐廣曰 篝 籠也

색은 살펴보니 구루甌窶는 배루杯樓(다락)와 같다. 窶의 발음은 '루婁'와 같으며 옛날의 글자가 적었을 뿐이다. 풍년이 들어 수확을 쉽게 해서 구롱篝籠에 가득 채우는 것을 말할 따름이다.

案 甌窶猶杯樓也 窶音如婁 古字少耳 言豐年收掇易 可滿篝籠耳

정의 窶의 발음은 '루樓'이다. 篝의 발음은 '구溝'이며 농籠(바구니)이다. 구루甌樓는 높은 땅의 협소한 구역이며 구롱篝籠에 가득 차게 얻는 것을 이른 것이다.

窶音樓 篝音溝 籠也 甌樓謂高地狹小之區 得滿篝籠也

③ 汙邪滿車오사만거

집해 사마표가 말했다. "오사汙邪는 하지의 전답이다."

司馬彪曰 汙邪 下地田也

색은 살펴보니 사마표가 말하기를 "오사汙邪는 하지의 밭이다."라고 하였으니, 곧 하전 안에 땔나무가 있어서 수레에 가득 싣는 것이다.

按 司馬彪云 汙邪 下地田 卽下田之中有薪 可滿車

정의 汙의 발음은 '오烏'이다.

汙音烏

"술을 대왕의 앞에서 하사받을 때 집법관執法官이 옆에 있고 어사御史가 뒤에 있으면, 신 순우곤은 황공하여 고개를 숙이고 엎드려서 마시기 때문에 한 말을 다 마시지 않아도 곧 취할 것입니다. 만약 아버지 앞에 엄격한 손님이 계실 때, 제가 팔을 걷어 올리고 허리를 굽히고 꿇어앉아[1] 모시며 앞에서 술을 따르고, 때로는 남은 술잔을 받아 마시며 술잔을 들고 손님의 장수를 빌면서 자주 일어나 마시게 되면, 두 말을 못 마시고 곧 취할 것입니다. 벗들과 서로 사귀어 노는데 오랫동안 서로 만나지 못한 상태였다가, 갑자기 서로 만나 즐겨 옛날이야기를 하고 사사로운 정을 서로 이야기한다면, 가히 5~6말 정도의 술을 마시면 취할 것입니다. 고을의 모임에서 남자와 여자가 섞여 앉아서 술을 마시고 함께 머무르면서,

육박六博과 투호投壺를 즐기며 서로 당기고, 한패가 되어서 손을 맞잡고 있어도 벌을 받지 않고 서로 눈길을 주어도[②] 금지당하지 않으며, 앞에는 귀걸이가 떨어져 있고 뒤에는 관의 비녀가 빠져 있어도 제가 몰래 이러한 것을 즐기게 된다면, 8말을 마셔도 2~3할 정도만 취할 것입니다.[③] 또 해가 저물고 주연이 한창 무르익어 술잔을 합하며, 가까이 남자와 여자가 자리를 함께하고 신발이 서로 교차되며, 술잔이 소반에 낭자하고 당상에 촛불이 꺼지면, 주인이 저만 머무르게 하고 손님들을 내보냅니다.[④] 비단 저고리에 옷깃이 풀리면 은은한 향기가 풍기는데, 이때를 당해서는 저의 마음이 매우 기뻐서 한 섬도 마실 수 있을 것입니다. 그러므로 이르기를 술이 극에 이르면 어지러워지고, 즐거움이 극에 이르면 슬퍼지게 된다고 했습니다. 모든 일이 다 그러한 것입니다. 가히 극도에 달하는 것을 안 되게 하라고 말한 것은 극에 달하게 되면 쇠약해지기 때문입니다."

이러한 것으로 은근히 깨우쳐 말한 것이었다. 제나라 위왕이 말했다.

"좋은 말씀이오."

이에 긴 밤의 음주를 중지하고 순우곤을 제후의 접대관으로 삼고서[⑤] 종실에서 연회를 열면 순우곤을 일찍이 위왕의 곁에 있게 했다. 순우곤이 죽은 100여 년 뒤에는 초나라에 우맹優孟이라는 사람이 있었다.

髡曰 賜酒大王之前 執法在傍 御史在後 髡恐懼俯伏而飮 不過一斗徑醉矣 若親有嚴客 髡帣韝鞠跽[①] 侍酒於前 時賜餘瀝 奉觴上壽 數起 飮

不過二斗徑醉矣 若朋友交遊 久不相見 卒然相覩 歡然道故 私情相語 飮可五六斗徑醉矣 若乃州閭之會 男女雜坐 行酒稽留 六博投壺 相引爲曹 握手無罰 目眙②不禁 前有墮珥 後有遺簪 髡竊樂此 飮可八斗而醉二參③ 日暮酒闌 合尊促坐 男女同席 履舃交錯 杯盤狼藉 堂上燭滅 主人留髡而送客④ 羅襦襟解 微聞薌澤 當此之時 髡心最歡 能飮一石 故曰酒極則亂 樂極則悲 萬事盡然 言不可極 極之而衰 以諷諫焉 齊王曰 善 乃罷長夜之飮 以髡爲諸侯主客⑤ 宗室置酒 髡嘗在側 其後百餘年 楚有優孟

① 帣鞲鞠跽권구국기

집해 서광이 말했다. "권帣은 옷의 소매를 걷는다는 의미이다. 수褏는 소매이다. 구鞲는 팔찌이고 鞲의 발음은 '구溝'이다. 국鞠은 곡曲이다. 䠞의 발음은 '기[其紀反]'이다. '기跽'와 같으며 약간 무릎을 꿇은 것이다."
徐廣曰 帣 收衣褏也 褏 袂也 鞲 臂捍也 音溝 鞠 曲也 䠞音其紀反 又與跽同 謂小跪也

색은 帣의 발음은 '권卷' 또는 '견[紀免反]'이다. 소매를 걷는 것을 말한다. 鞲의 발음 '구溝'이다. 팔로 막는 것이다. 국鞠은 몸을 굽히는 것이다. 䠞의 발음은 '기[其紀反]'이고, 기跽와 동음이다. 약간의 무릎을 꿇는 것이다.
帣音卷 紀免反 謂收袖也 鞲音溝 臂扞也 鞠 曲躬也 䠞音其紀反 與跽同音 謂小跪

② 眙치

집해 서광이 말했다. "眙의 발음은 '등[吐甑反]'이고 직시하는 모양이다."
徐廣曰 眙 吐甑反 直視貌

색은 眙의 발음은 '징瞪'과 동일하고 똑바로 보는 것을 이른다. 眙의 발음은 '층[丑甑反]' 또는 '치[丑二反]'이다.

眙音與瞪同 謂直視也 丑甑反 又音丑二反

③ 八斗而醉二參팔두이취이삼

색은 살펴보니 위에서는 '오륙두경취의五六斗徑醉矣'라고 이른 것은 즐거워함이 또한 심하여 여덟 말을 마시고도 취하지 않았다는 것이다. 그러므로 "절락竊樂"이라고 하였다. 이삼二參은 10에서 2~3은 취하는 것을 말한다.

案 上云五六斗徑醉矣 則此爲樂亦甚 飲可八斗而未徑醉 故云竊樂 二參 言十有二參醉也

④ 留髡而送客유곤이송객

집해 서광이 말했다. "어떤 판본에는 '유곤좌留髡坐 기송객起送客'이라 일렀다."

徐廣曰 一本云 留髡坐 起送客

⑤ 諸侯主客제후주객

정의 지금의 홍려경鴻臚卿이다.

今鴻臚卿也

우맹優孟[1]은 원래 옛 초나라 악인樂人(음악 연주를 업으로 하는 사람)이었다. 키가 8척尺에다 말을 잘해서 늘 담소로써 완곡하게 잘못을 깨우쳐 주었다.

초나라 장왕莊王이 매우 아끼는 말이 있었다. 그 말에게 아름답게 수놓은 옷을 입히고 호화로운 집에서 길렀으며, 우리가 아닌 침상에서 살게 했고 대추와 육포를 먹게 했다. 이에 말이 너무 살이 쪄서 병들어 죽자 모든 신하에게 상복을 입게 하고 관과 덧널까지 갖추어 대부의 예로 장례를 치르게 했다. 좌우의 신하들이 쟁론하고 불가하다고 하자 장왕이 명령을 내려서 말했다.

"감히 말을 가지고 간쟁하는 자가 있으면 죄가 죽음에 이를 것이다."

우맹이 듣고 대궐 문에 들어서서 하늘을 우러러보고 큰소리로 울자, 왕이 놀라서 그 까닭을 물었다. 우맹이 대답했다.

"말이란 왕께서 아끼시던 것입니다. 초나라처럼 당당하게 큰 나라에서 무엇을 구한들 얻지 못하겠습니까? 대부의 예로써 장례를 치르는 것은 야박한 것입니다. 청컨대 인군의 예로써 장례를 치르십시오."

優孟[1] 故楚之樂人也 長八尺 多辯 常以談笑諷諫 楚莊王之時 有所愛馬 衣以文繡 置之華屋之下 席以露牀 啗以棗脯 馬病肥死 使群臣喪之 欲以棺槨大夫禮葬之 左右爭之 以爲不可 王下令曰 有敢以馬諫者 罪至死 優孟聞之 入殿門 仰天大哭 王驚而問其故 優孟曰 馬者王之所愛也 以楚國堂堂之大 何求不得 而以大夫禮葬之 薄 請以人君禮葬之

① 優孟우맹

색은 살펴보니 우優는 창우倡優이다. 맹孟은 자이다. 그 우전優旃도 또한 동일하다. 전旃은 그의 자일 뿐이다. 우맹은 초나라에 있었고, 전旃은 진秦나라에 있었다.

案 優者 倡優也 孟 字也 其優旃亦同 旃其字耳 優孟在楚 旃在秦者也

왕이 말했다.

"어떻게 하면 되겠소?"

"신은 청컨대 옥을 아로새겨 관을 만들고 무늬가 있는 재나무로 덧널을 만들며, 편楩나무, 풍楓나무, 예장豫章나무로 황장제주黃腸題湊를 만들고[①] 갑옷 입은 군사들을 징발하여 광중을 파게 하십시오. 늙은이와 허약한 자는 흙을 운반하게 하고 제나라와 조나라 사신들은 앞에서 배위陪位하게 하며, 한韓나라와 위魏나라 사신들은 그의 뒤에서 보위保衛하게 하십시오.[②] 종묘에서 태뢰太牢를 올리게 하고 1만 호의 식읍으로 받들게 하십시오. 그리하면 제후들은 듣고 모두 대왕께서는 사람을 천하게 여기고 말을 귀하게 여기는 것으로 알게 될 것입니다."

왕이 말했다.

"과인의 잘못 하나가 여기까지 이르렀던가! 어찌해야 하겠는가?"

우맹이 대답했다.

"청컨대 대왕을 위해서는 육축六畜의 장례로 치르도록 하십시오. 아궁이[③]로 덧널을 삼고 청동 솥[④]으로 관을 삼으며, 생강과 대추[⑤]를 썰어 넣고 목란木蘭으로 불을 때며, 쌀로 제사를 지내고 불빛을 입혀서 사람의 배 속에 장례를 치르게 하십시오.[⑥]"
이에 왕은 곧 말[馬]을 태관太官에게 주게 하고, 천하의 사람들에게 가려서 알려지지 않도록 했다.

王曰 何如 對曰 臣請以彫玉爲棺 文梓爲槨 楩楓豫章爲題湊[①] 發甲卒爲穿壙 老弱負土 齊趙陪位於前 韓魏翼衛其後[②] 廟食太牢 奉以萬戶之邑 諸侯聞之 皆知大王賤人而貴馬也 王曰 寡人之過一至此乎 爲之柰何 優孟曰 請爲大王六畜葬之 以壟竈[③]爲槨 銅歷[④]爲棺 齎以薑棗[⑤] 薦以木蘭 祭以糧稻 衣以火光 葬之於人腹腸[⑥] 於是王乃使以馬屬太官 無令天下久聞也

① 題湊제주

집해 소림이 말했다. "나무를 관棺의 바깥에 포개고 나무의 머리쪽을 모두 안으로 향하게 하는 것이다. 그러므로 제주題湊라고 한다."

蘇林曰 以木累棺外 木頭皆內向 故曰題湊

정의 楩의 발음은 '변[頻緜反]'이다.

楩 頻緜反

신주 황장제주黃腸題湊를 말한다. 즉 살아생전의 공간을 묘 안에 구현하는 것이다.

② 韓魏翼衛其後한위익위기후

집해 초장왕楚莊王 때에는 조趙, 한韓, 위魏의 세 나라가 있지 않았다.

楚莊王時 未有趙韓魏三國

색은 살펴보니 이곳의 변설辨說의 말은 후인後人이 더해서 꾸민 것이다.

案 此辨說者之詞 後人所增飾之矣

③ 龔竈농조

색은 살펴보니 《황람》에는 또한 이 일을 설명했는데 '농조龔竈'를 '농돌礱突'이라고 했다.

按 皇覽亦說此事 以壠竈爲礱突也

④ 銅歷동력

색은 살펴보니 역歷은 곧 부력釜鬲이다.

按 歷卽釜鬲也

⑤ 薑棗강조

색은 살펴보니 옛날에 고기를 먹을 때는 생강과 대추를 사용했다. 《예기》 〈내칙〉에는 "대추를 그 뱃속에 채우고 계핏가루와 생강가루를 함께 하고 여러 가지를 그 위에 뿌려서 먹는다."라고 한 것이 이것이다.

按 古者食肉用薑棗 禮內則云 實棗於其腹中 屑桂與薑 以洒諸其上而食之是也

⑥ 葬之於人腹腸장지어인복장

색은 《황람》에서 말한다. "불에 익힌 것을 젓가락 끝으로 보내서 장腸 속에 장사지낸다."

皇覽云 火送之箸端 葬之腸中

초나라 재상 손숙오孫叔敖① 는 우맹이 현명한 사람이라는 것을 알고 잘 대우했다. 손숙오가 병이 들어 장차 죽음에 이르게 되자 그의 아들에게 부탁해 말했다.

"내가 죽으면 너는 반드시 빈곤해질 것이다. 너는 우맹을 찾아보고 '나는 손숙오의 아들이다.'라고 말을 하라."

여러 해를 지나 손숙오의 아들은 곤궁해져 땔나무를 지게 되었다. 우맹을 만나자 그와 말했다.

"나는 손숙오의 아들입니다. 아버지께서 장차 죽음에 이르려 할 때 내가 빈곤하게 되면 가서 우맹을 찾아보고 부탁하라고 했습니다."

우맹이 말했다.

"그대는 먼 곳으로 가는 일이 없도록 하시오.②"

즉시 손숙오의 의관을 만들어 차려입고 손뼉을 치며 이야기를 했다.③ 한 해 남짓 되어서 손숙오를 흉내 내자 초나라 장왕이나 그의 좌우들이 손숙오인지 우맹인지를 분별할 수 없었다.

장왕이 잔치를 열었는데 우맹이 앞에서 장왕의 장수를 빌었다. 장왕이 몹시 놀라며 손숙오가 다시 살아난 것으로 여겨서 재상으로 삼고자 했다. 우맹이 말했다.

"청컨대 집으로 돌아가 아내와 상의해 보고 3일 후에 재상이 되겠습니다."

장왕이 허락했다. 3일 뒤에 우맹이 다시 왔다. 왕이 물었다.

"부인께서 무엇이라고 말했소?"

우맹이 말했다.

"아내의 말로는 '하는 것을 삼가라. 초나라 재상이란 족히 할 것이

못 된다. 손숙오 같은 분이 초나라 재상이 되어서 충성을 다하고 청렴함으로 초나라를 다스려 초나라 왕은 패자霸者가 되었다. 지금 그가 죽었는데 그의 아들은 송곳 하나 세울 땅도 없고 빈곤해서 땔나무를 져다 팔면서 스스로 음식을 해결한다. 반드시 손숙오와 같이 된다면 자살하는 것만 못하다.'라고 했습니다."

楚相孫叔敖①知其賢人也 善待之 病且死 屬其子曰 我死 汝必貧困 若往見優孟 言我孫叔敖之子也 居數年 其子窮困負薪 逢優孟 與言曰 我孫叔敖子也 父且死時 屬我貧困往見優孟 優孟曰 若無遠有所之② 卽爲孫叔敖衣冠 抵掌談語③ 歲餘 像孫叔敖 楚王及左右不能別也 莊王置酒 優孟前爲壽 莊王大驚 以爲孫叔敖復生也 欲以爲相 優孟曰 請歸與婦計之 三日而爲相 莊王許之 三日後 優孟復來 王曰 婦言謂何 孟曰 婦言愼無爲 楚相不足爲也 如孫叔敖之爲楚相 盡忠爲廉以治楚 楚王得以霸 今死 其子無立錐之地 貧困負薪以自飮食 必如孫叔敖 不如自殺

① 孫叔敖손숙오

신주 춘추 시대 초나라 명재상이다. 성은 미芈, 씨는 위蔿이며 휘는 오敖 또는 애렵艾獵이라고도 하며 자는 손숙孫叔이다. 위고蔿賈의 아들이다.

② 若無遠有所之약무원유소지

색은 살펴보니 우맹優孟이 손숙오의 아들에게 말하여 이르기를 "그대는 먼 곳으로 가는 일이 없게 하시오. 다른 국경으로 간다면 왕이 뒤에 그대를 구해도 얻지 못할까 두렵소."라고 했다.

案 謂優孟語孫叔敖之子曰 汝無遠有所之 適他境 恐王後求汝不得者也

③ 抵掌談語지장담어

집해 《전국책》에서 말한다. "소진이 조왕을 화옥華屋의 아래에서 설득하는데 손뼉을 치면서 말했다." 장재가 말했다. "담설談說의 예를 수용하는 전칙典則이다."

戰國策曰 蘇秦說趙王華屋之下 抵掌而言 張載曰 談說之容則也

이에 이어서 노래를 불러 말했다.

"산에 살며 밭을 갈아 수고를 해도 먹을 것을 얻기가 어렵다네. 몸을 일으켜 관리가 되어서 몸이 탐욕하고 비루한 자는 재물이 넉넉하여 치욕을 돌아보지 않는다네. 몸이 죽어도 집안은 부유하게 하려면서 또 뇌물을 받고 법을 굽혀가며, 간사한 짓을 저지르고 대죄에 저촉되어 자신은 죽고 집안도 멸족 당할까를 두려워한다네. 이에 탐하는 관리가 무엇을 할 수 있겠는가! 생각건대 청렴한 관리가 되어 법을 받들어 직분을 지키고, 마침내 죽어서도 감히 나쁜 짓을 저지르지 않을 것이네. 청렴한 관리가 무엇을 할 수 있겠는가! 초나라 재상 손숙오는 청렴을 지켜 죽음에 이르렀고, 방금 처자식들이 곤궁해 땔나무 지는 일로 먹고 사니, 족히 할 것이 못 된다네."

이에 장왕은 우맹에게 사과하고 손숙오의 아들을 불러서 침구寢丘 땅 400호를 봉지로 내려[1] 손숙오의 제사를 받들게 해서 10여 대가 지난 뒤에도 제사가 끊어지지 않았다. 이러한 것은 우맹이 말할 만한 시기를 안 것이다. 그 200여 년 뒤에는 진秦나라에 우전優旃이 있었다.

因歌曰 山居耕田苦 難以得食 起而爲吏 身貪鄙者餘財 不顧恥辱 身死家室富 又恐受賕枉法 爲姦觸大罪 身死而家滅 貪吏安可爲也 念爲廉吏 奉法守職 竟死不敢爲非 廉吏安可爲也 楚相孫叔敖持廉至死 方今妻子窮困負薪而食 不足爲也 於是莊王謝優孟 乃召孫叔敖子 封之寢丘[①]四百戶 以奉其祀 後十世不絶 此知可以言時矣 其後二百餘年 秦有優旃

① 封之寢丘봉지침구

집해 서광이 말했다. "고시固始에 있다."

徐廣曰 在固始

정의 지금의 광주光州 고시현固始縣이며 본래는 침구읍寢丘邑이다. 《여씨춘추》에서 말한다. "초나라 손숙오는 국가에 공로가 있었으며 질병이 있어 장차 죽음에 이르러 그의 아들을 경계해서 이르기를 '왕이 자주 나를 봉하고자 했는데 나는 사양하고 받지 않았다. 내가 죽으면 반드시 너를 봉할 것이다. 너는 이로운 땅은 받지 말라. 형초荊楚의 사이에 침구寢丘 땅이 있는데 그 땅은 이롭지가 않다. 앞에는 투곡妬谷이 있고 뒤에는 여구戾丘가 있어 그 이름이 사나워 가히 길이 둘 것이다.'라고 했다. 그의 아들이 손숙오의 말을 따랐다. 초나라 공신은 2세二世를 봉하고 거두었는데 오직 침구는 빼앗지 않았다."

今光州固始縣 本寢丘邑也 呂氏春秋云 楚孫叔敖有功於國 疾將死 戒其子曰

王數欲封我 我辭不受 我死 必封汝 汝無受利地 荊楚間有寢丘者 其爲地不利 而前有妬谷 後有戾丘 其名惡 可長有也 其子從之 楚功臣封二世而收 唯寢丘 不奪也

우전優旃은 진秦나라 배우로 기형적으로 키가 작았다. 우스갯소리를 잘했지만, 큰 도리에 부합했다. 진秦나라 시황제 때 궁중에서 주연을 베풀었는데 하늘에서 비가 내리자 방패를 가지고 섬돌에서 지키는 자들이 모두 옷이 젖어 떨고 있었다.

우전이 이를 보고 애처롭게 여겨서 일러 말했다.

"너희들은 쉬고 싶으냐?"

섬돌에서 방패를 들고 있는 자들이 모두 말했다.

"매우 다행이겠습니다."

우전이 말했다.

"내가 곧 너희들을 부르거든 너희들은 신속하게 '네.' 하고 대답하라."

조금 지나 전상殿上에서 시황제의 장수를 빌며 만세를 외쳤다. 이때 우전이 난간①에 이르러 크게 불러 말했다.

"폐순랑陛楯郎②이여!"

낭들이 대답했다.

"예!"

우전이 말했다.

"너희들은 비록 키는 크지만 무슨 보탬이 된다고 요행을 바라고 비를 맞고 서 있느냐. 나는 비록 체구는 작으나 다행히도 휴식하면서 산다.”

이에 시황제가 폐순랑들로 하여금 반반씩 서로 교대하게 했다.

진시황이 일찍이 의논해서 거대한 공원을 만들고자 했다. 동쪽으로는 함곡관函谷關까지 이르고 서쪽으로는 옹雍과 진창陳倉[③]까지 이르게 하려고 했다.

우전이 말했다.

“훌륭하십니다. 많은 새와 짐승을 그 안에 놓아두고 도적들이 동쪽으로부터 오거든 고라니와 사슴들을 시켜서 치받게 하면 족할 것입니다.”

진시황이 이 때문에 중지시켰다.

優旃者 秦倡侏儒也 善爲笑言 然合於大道 秦始皇時 置酒而天雨 陛楯者皆沾寒 優旃見而哀之 謂之曰 汝欲休乎 陛楯者皆曰 幸甚 優旃曰 我卽呼汝 汝疾應曰諾 居有頃 殿上上壽呼萬歲 優旃臨檻[①]大呼曰 陛楯郎[②] 郎曰 諾 優旃曰 汝雖長 何益 幸雨立 我雖短也 幸休居 於是始皇使陛楯者得半相代 始皇嘗議欲大苑囿 東至函谷關 西至雍陳倉[③] 優旃曰善 多縱禽獸於其中 寇從東方來 令麋鹿觸之足矣 始皇以故輟止

① 檻함

정의 檻의 발음은 ‘암[御覽反]’이다.

御覽反

② 陛楯郎폐순랑

신주 궁전의 뜰을 지키는 호위병을 말한다.

③ 雍陳倉옹진창

정의 지금의 기주岐州는 옹현雍縣과 진창현陳倉縣이다.

今岐州雍縣及陳倉縣也

이세황제 호해胡亥가 즉위하자 또 그의 성城에 옻칠을 하려고 했다. 우전이 말했다.

"훌륭하십니다. 주상께서 비록 말씀이 없었더라도 신이 진실로 장차 청하려고 했습니다. 성에 옻칠하면 비록 백성은 비용을 낼 것을 걱정하겠지만 아름다울 것입니다. 성에 옻칠해서 번쩍거릴 것이며[①] 도적이 오더라도 능히 오르지 못할 것입니다. 곧 칠하고자 한다면 쉽게 칠을 할 수 있겠으나, 생각해보니 칠한 것을 마르게 하는 건조실[②]을 만들기는 어려울 것입니다."

이에 이세가 웃고는 그 일을 중지시켰다.

한 세월을 지나 이세가 살해되자 우전이 한나라로 귀속했다가 수년이 지나서 죽었다.

二世立 又欲漆其城 優旃曰 善 主上雖無言 臣固將請之 漆城雖於百姓愁費 然佳哉 漆城蕩蕩[①] 寇來不能上 卽欲就之 易爲漆耳 顧難爲蔭室[②] 於是二世笑之 以其故止 居無何 二世殺死 優旃歸漢 數年而卒

① 蕩蕩탕탕

신주 물결에 비친 햇살처럼 번쩍거리는 모양이다.

② 蔭室음실

신주 햇빛이 비치지 않는 움막 같은 집을 말한다. 여기서는 햇빛이 비치지 않는 그늘에 칠한 것을 마르게 하는 일이다.

태사공은 말한다.
순우곤이 하늘을 우러러 크게 웃은 것은 제나라 위왕이 행실을 제멋대로 했기 때문이다. 우맹優孟이 머리를 흔들고 노래를 부르자 땔나무를 지어다 음식을 먹던 자가 이 덕분에 봉지를 받았다. 우전優旃이 난간에 이르러 신속하게 부르짖자 폐순랑들이 이 덕분에 반반씩 교대하게 되었다. 이에 어찌 또한 위대하지 아니한 것이겠는가!
太史公曰 淳于髡仰天大笑 齊威王橫行 優孟搖頭而歌 負薪者以封 優旃臨檻疾呼 陛楯得以半更 豈不亦偉哉

제二장

한나라의 골계자

저선생이 말했다.

"나는 다행히도 경술經術로써 낭郎이 될 수 있었다. 그러나 외가外家가 전하는 말인 사전史傳①들을 읽는 것을 좋아했다. 이에 간절히 사양하지 않고 다시 옛날의 골계滑稽(익살)②에 관한 이야기를 여섯 장 만들어서 아래에 엮는다. 열람하고 뜻을 드러내서 후세의 호사가好事家들에게 보여서 읽게 한다면 마음을 즐겁게 하고 귀를 놀라게 할 것이다. 이에 위쪽의 태사공 삼장三章에 덧붙인다.

무제 때 총애를 받는 광대로는 곽사인郭舍人이라는 자가 있다. 말을 내어 진술한 것이 비록 대도大道에는 맞지 않으나 군주를 화평하고 기쁘게 했다. 무제가 어렸을 때 동무후東武侯 곽가의 어머니③가 늘 무제를 양육했다.④ 그래서 무제가 장성한 때 대유모大乳母라고 불렀다.

대개 한 달에 두 번은 대궐에 배알하러 들어왔다. 대궐에 배알하러 들어왔다고 아뢰면 불러들여 총애하는 신하 마유경馬游卿에게 조명詔命을 내려 비단 50필을 유모에게 하사하게 하고 또 음식과 식사를 받들어서 유모를 봉양했다. 어느 날 유모가 글을 올려서 말했다.

“아무 곳에 공전公田이 있는데, 빌려주시기를 원합니다.”

무제가 말했다.

“유모가 그 땅을 얻고자 하는가?”

이에 유모에게 하사했다. 또 유모가 청하는 것을 일찍이 들어 주지 않은 적이 없었다. 또 조명詔命을 내려서 유모에게 황제가 다니는 길에 수레를 타고 다니게 했다. 이런 때를 당하자 공경과 대신들이 모두 유모를 공경하고 존중했다. 이에 유모의 집안 자손들이나 따르는 종들조차 장안 안에서 횡포를 부렸는데, 길을 막고 남의 수레나 말을 끌어당겨 멈추게 하며 남의 의복을 빼앗기도 했다. 궁 안에까지 알려졌으나 차마 법을 적용하지 못했다. 관리들이 유모의 집안을 이사시켜서 변방에 거처하도록 청했다. 아뢴 대로 윤허했다.

褚先生曰 臣幸得以經術爲郎 而好讀外家傳語[①] 竊不遜讓 復作故事滑稽[②]之語六章 編之於左 可以覽觀揚意 以示後世好事者讀之 以游心駭耳 以附益上方太史公之三章 武帝時有所幸倡郭舍人者 發言陳辭雖不合大道 然令人主和說 武帝少時 東武侯母[③]常養帝[④] 帝壯時 號之曰 大乳母 率一月再朝 朝奏入 有詔使幸臣馬游卿以帛五十匹賜乳母 又奉飮糒飧養乳母 乳母上書曰 某所有公田 願得假倩之 帝曰 乳母欲得之乎 以賜乳母 乳母所言 未嘗不聽 有詔得令乳母乘車行馳道中 當此之時 公卿大臣皆敬重乳母 乳母家子孫奴從者橫暴長安中 當道掣頓人車馬 奪人衣服 聞於中 不忍致之法 有司請徙乳母家室 處之於邊 奏可

① 外家傳語외가전어

색은 살펴보니 동방삭이 또한 많이 널리 외가外家의 말을 관찰했는데 곧 외가는 정경政經이 아니고 곧 사전史傳이 뒤섞여져 설명한 글이다.

按 東方朔亦多博觀外家之語 則外家非正經 卽史傳雜說之書也

② 滑稽골계

색은 《초사》에서 말한다. "장차 모서리가 없는 해학은 기름과도 같고 다룸가죽과도 같다.[將突梯滑稽 如脂如韋]" 최호가 말했다. "滑의 발음은 '골骨'이다. 골계滑稽는 주기酒器에서 흘러나오는 것이다. 굴리면 쏟아져 나와 술을 토해내 종일토록 그치지 않는다. 말이 입에서 나와 문장을 이루어 말이 다하여 마르지 않음이 골계滑稽가 술을 토해내는 것과 같은 것이다. 그러므로 양웅楊雄의 《주부》에서 '가죽부대로 만든 술주머니가 골계인데, 배의 크기는 항아리와 같고, 진종일 술이 마르지 않으니, 사람의 배는 술장수에게 의지하네.[鴟夷滑稽 腹大如壺 盡日盛酒 人復藉沽]'라고 한 것이 이것이다." 또 요찰이 말했다. "골계는 재미있거나 우스운 문구와 같은 것이다. 滑의 발음은 통상적인 음으로 읽고 稽의 발음은 '계計'이다. 해어諧語(익살)가 골리滑利하여 그 지혜의 계획이 신속하게 나오는 것이다. 그러므로 골계滑稽라고 한다."

楚詞云 將突梯滑稽 如脂如韋 崔浩云 滑音骨 滑稽 流酒器也 轉注吐酒 終日不已 言出口成章 詞不窮竭 若滑稽之吐酒 故楊雄酒賦云 鴟夷滑稽 腹大如壺 盡日盛酒 人復藉沽是也 又姚察云 滑稽猶俳諧也 滑讀如字 稽音計也 言諧語滑利 其知計疾出 故云滑稽

③ 東武侯母동무후모

색은 살펴보니 동무는 현 이름이고, 후侯는 유모의 성이다.
案 東武縣名 侯 乳母姓

④ 常養帝상양제

정의 〈고조공신후자연표〉에는 동무후 곽가郭家는 고조 6년에 봉해졌다고 했다. 아들 타他는 효경제 6년에 기시棄市되어 나라가 없어졌다. 대개는 타他의 어머니가 항상 무제를 키운 것이다.
高祖功臣表云東武侯郭家 高祖六年封 子他 孝景六年棄市 國除 蓋他母常養武帝

유모가 마땅히 궁으로 들어가 황제 앞에 이르러 얼굴을 보이고 하직 인사를 해야 했지만, 유모는 먼저 곽사인을 만나보고 눈물을 흘렸다. 곽사인이 말했다.
"곧 들어가 황제를 배알하고 떠날 때 빠른 걸음으로 걸으면서 자주 뒤돌아보십시오."
유모는 무제를 배알하고 떠나면서 곽사인의 말과 같이 하직하고 떠나 빨리 걸어가다가도 자주 뒤돌아보았다.
곽사인이 재빨리 꾸짖어 말했다.
"허허! 늙은 여인이 어찌 빨리 떠나지 않는 것인가! 폐하께서는 이미 장성하셨거늘, 어찌 여전히 그대 젖을 먹으며 살아가시는 것이 필요한가? 어찌하여 뒤돌아보는 것인가."
이에 군주를 가련하게 여기는 것을 슬퍼하고 이에 조서를 내려 중지하게 하고 유모를 이사시키지 않았으며 유모를 비방한 자들을

귀양 보냈다.[1]

乳母當入至前 面見辭 乳母先見郭舍人 爲下泣 舍人曰 卽入見辭去 疾步數還顧 乳母如其言 謝去 疾步數還顧 郭舍人疾言罵之曰 咄 老女子 何不疾行 陛下已壯矣 寧尙須汝乳而活邪 尙何還顧 於是人主憐焉悲之 乃下詔止無徙乳母 罰謫譖之者[1]

① 罰謫譖之者벌적참지자

색은 헐뜯고 비방한 자들을 벌을 주는 것이다. 무제가 유모의 사람들을 헐뜯고 비방한 자들을 벌을 준 것을 이르는 것이다.

罰適譖之者 謂武帝罰謫譖乳母之人也

신주 무제 유모를 고발한 자들을 벌을 받게 한다는 말이다.

무제 때 제나라 사람으로 동방생東方生이 있었는데 이름이 삭朔이다.[1] 그는 옛날부터 전해오는 책을 좋아했고 경학經學을 사랑했으며 외가外家(잡가雜家)의 말들도 널리 살펴본 것이 많았다.

동방삭이 처음으로 장안으로 들어가 공거公車에 이르러 글을 올렸는데[2] 무릇 3,000쪽의 간독簡牘으로 쓴 것이었다. 공거公車의 관리 두 사람이 함께해 그의 글을 들어 올려야 겨우 들 수가 있을 정도였다. 황제는 위쪽에서부터 차례로 읽다가 그치면 그때마다 그곳에 을乙자 표시해 두고 다시 읽으며 2개월이 되어서야 끝이 났다. 다 읽고 나서 조서를 내려 낭郎으로 삼아 늘 곁에 있으면서 모시게 했다.

자주 불러서 황제의 앞에 이르러 이야기하는데 무제가 일찍이 기뻐하지 않는 날이 없었다. 이따금 조서를 내려서 어전에서 먹을 것을 주었다. 식사를 마치면 그 남은 고기들을 가슴속에 품고 떠나가곤 했는데 그때마다 옷이 모두 더러워졌다. 여러 차례 비단을 하사했는데, 어깨에 들쳐 메고 떠나갔다.

하사받은 돈이나 비단을 함부로 쓰고 장안의 미녀 중에서 젊은 여자를 아내로 맞이했다. 대개 부인을 맞아 1년만 되면 곧 버리고 다시 부인을 맞이했다. 하사받은 돈이나 재물들은 모두 여자를 찾는데 소진했다. 군주를 모시는 좌우의 여러 낭관郎官 중 절반이 '미치광이[광인狂人]'이라고 불렀다.

무제가 듣고 말했다.

"동방삭을 시켜서 일을 맡게 하면 하는 것이 없는데도 옳게 행해진다. 너희들이 어찌 동방삭에게 미칠 수 있겠는가!"

동방삭은 그의 아들을 임용하게 해 낭郎이 되게 했고, 또 시알자侍謁者가 되어 늘 절부節符를 지니고 사신으로 나갔다.

武帝時 齊人有東方生名朔① 以好古傳書 愛經術 多所博觀外家之語 朔初入長安 至公車上書② 凡用三千奏牘 公車令兩人共持擧其書 僅然能勝之 人主從上方讀之 止 輒乙其處 讀之二月乃盡 詔拜以爲郎 常在側侍中 數召至前談語 人主未嘗不說也 時詔賜之食於前 飯已 盡懷其餘肉持去 衣盡汙 數賜縑帛 檐揭而去 徒用所賜錢帛 取少婦於長安中好女 率取婦一歲所者卽棄去 更取婦 所賜錢財盡索之於女子 人主左右諸郎半呼之 狂人 人主聞之 曰 令朔在事無爲是行者 若等安能及之哉 朔任其子爲郎 又爲侍謁者 常持節出使

① 東方生名朔동방생명삭

색은 살펴보니 중장통은 사마천이 〈골계열전〉을 만들면서 우전優旃의 일을 차례하고 동방삭을 일컫지 않은 것은 잘못된 것이라고 했다. 동방삭의 행사行事를 어찌 우전優旃이나 우맹優孟에 비교하겠는가. 환담 또한 사마천이 옳다고 여겼는데 또 잘못된 것이다.

案 仲長統云遷爲滑稽傳 序優旃事 不稱東方朔 非也 朔之行事 豈直旃孟之比哉 而桓譚亦以遷爲是 又非也

정의 《한서》에서 말한다. "평원군 염차厭次 사람이다."《여지지》에서 말한다. "염차는 곧 부평현富平縣의 향취鄕聚의 이름이라고 한 것이 마땅하다."《괄지지》에서 말한다. "부평 고성은 창주倉州 양신현陽信縣 동남쪽 40리에 있으며 한나라 현이다."

漢書云 平原厭次人也 輿地志云 厭次 宜是富平縣之鄕聚名也 括地〔志〕云 富平故城在倉州陽信縣東南四十里 漢縣也

② 公車上書공거상서

정의 〈백관표〉에는 위위衛尉의 속관으로 공거사마公車司馬가 있다고 했다.《한의주》에서 말한다. "공거사마는 궁전의 사마문을 관장하고 밤이면 궁을 순찰하고 천하상天下上의 일을 궐하闕下에 이르게 해 모든 호출하는 것 모두를 거느리는 것이다. 녹봉은 600석이다."

百官表云衛尉屬官有公車司馬 漢儀注云 公車司馬掌殿司馬門 夜徼宮 天下上事及闕下 凡所徵召皆總領之 秩六百石

어느 날 동방삭이 궁궐 안에서 돌아다니는데 어떤 낭郞이 일러 말했다.

"사람들이 모두 선생을 미치광이로 여기고 있습니다."

동방삭이 말했다.

"나와 같은 무리는 이른바 세상을 피해서 조정 안에 있는 것이오. 옛날 사람들은 세상을 피해서 깊은 산중으로 갔지만 말이오."

때마다 술좌석에 앉아서 술기운이 무르익게 되면 땅을 짚고 노래를 불렀다.

"세상의 풍속에 묻혀 살면서[①]
금마문金馬門에서 세상을 피한다네.
궁전은 세상을 피하고 자신을 온전히 곳이거늘
하필 깊은 산 속이나 호려蒿廬[②]의 아래인가!"

금마문金馬門이란 환자서宦者署의 문이다. 문 옆으로 구리로 만든 말이 있어, 이 때문에 '금마문金馬門'이라고 일렀다. 어느 때 궁전 아래에서 박사博士와 여러 선생이 모여 서로 논의하는데 함께 동방삭을 힐난하며[③] 말했다.

"소진蘇秦과 장의張儀는 한 번 만승萬乘의 군주를 마주하고 모두 경卿이나 재상의 지위에 있어 덕택이 후세에까지 이르렀소. 지금 선생은 선왕先王의 치술治術을 닦고 성인聖人의 의義를 사모하며 시詩와 서書와 제자백가의 학문을 읊어 외우는 것을 이루 다 셀 수가 없을 것이오. 이를 죽백竹帛(책)에 저술하고 스스로 온 천하에서 짝을 할 자가 없다고 여기니, 곧 견문이 넓고 변설과 지혜가 있다고 이를 만하오. 그러나 힘을 다하고 충성을 다해 성스런 임금을 섬기면서 세월이 오래 흘러 수십여 년을 쌓았어도 관직은 시랑侍郞을 벗어나지 못하고 지위는 집극執戟에 지나지 않고 있으니 생각컨대 여전히 잘못된 행실이 남아 있는 것 같소. 그 까닭은 무엇이오?"

朔行殿中 郎謂之曰 人皆以先生爲狂 朔曰 如朔等 所謂避世於朝廷間者也 古之人 乃避世於深山中 時坐席中 酒酣 據地歌曰 陸沈於俗① 避世金馬門 宮殿中可以避世全身 何必深山之中 蒿廬②之下 金馬門者 宦〔者〕署門也 門傍有銅馬 故謂之曰 金馬門 時會聚宮下博士諸先生與論議 共難之③曰 蘇秦張儀一當萬乘之主 而都卿相之位 澤及後世 今子大夫修先王之術 慕聖人之義 諷誦詩書百家之言 不可勝數 著於竹帛 自以爲海內無雙 卽可謂博聞辯智矣 然悉力盡忠以事聖帝 曠日持久 積數十年 官不過侍郞 位不過執戟 意者尙有遺行邪 其故何也

① 陸沈於俗육침어속

색은 사마표가 말했다. "물이 없는데 빠져든 것을 이른다."

司馬彪云 謂無水而沈也

② 蒿廬호려

신주 거친 풀이 우거진 곳에 있는 작은 초가를 말한다.

③ 共難之공난지

색은 함께 의논하고 함께 힐난하는 것이다. 살펴보니 동방삭이 말을 갖추어 대답한 것으로 곧 아래의 문장의 이 대답이 힐난이다.

與議論 共難之 案 方朔設詞對之 卽下文是答對之難也

동방생이 말했다.

"이것은 진실로 그대들이 갖출 수 있는 바가 아니오. 그때는 그때이고 이때는 이때이니 어찌 같을 수가 있겠소. 대저 장의나 소진의 시대에는 주나라 왕실이 크게 무너져서 제후들이 조회에 들지 않았고, 정사에 힘쓰는 것이 권력만을 다투어 서로를 전쟁으로 서로 잡아 병탄하여 12개 국가가 되어 자웅을 가르지는 못했으나 선비를 얻은 자들은 강성해지고 선비를 잃은 자들은 망했소. 그러므로 유세하는 것이 받아들여지고 행실이 통하게 되면 자신은 높은 지위에 처하여 은택이 후세에 미쳐서 자손들도 길이 번영했던 것이오. 지금은 그렇지 않소. 성스러운 황제가 위에 계시며 그의 덕이 천하에 퍼져서, 제후들이 빈賓으로 복종하고 위엄이 사방의 오랑캐에 떨치며 사방의 밖까지 이어서 자리로 삼으니, 엎어놓은 사발처럼 안정되었소. 이에 천하는 고르게 되어 합쳐져 한 집이 되었으며, 온갖 일을 발동하는데 마치 손바닥 안에서 움직이는 것과 같아졌으니, 현명함과 불초不肖함이 어찌하여 다르겠소? 지금의 천하는 거대하고 사민士民은 많아 정성을 다해 유세하며 (신임을 받으려고) 아울러 나아가는 자들이 폭주해서 이루다 헤아릴 수가 없소. 있는 힘을 다해 황제의 뜻을 연모하나 의식衣食이 곤궁하고 어떤 경우에는 문호를 잃기도 하오. 장의나 소진에게 나와 함께 지금의 세상에 나란히 살게 한다면 일찍이 장고掌故의 관직도 얻지 못했을 것이니, 어찌 감히 늘 곁에서 모시는 시랑侍郞의 벼슬을 바라겠소! 전傳에 이르기를 '천하에 재앙이 없게 되면 비록 성인이 있더라도 그의 재주를 베풀 곳이 없고, 위와 아래가 화동和同하면 비록 어진 이가 있더라도 공로를 세울 만한 곳이 없다.'라고 했소. 그러므로 이르기를 시대가 다르게 되면 사업도 달라진다고 했소. 비록 그러나 어찌 가히 몸을 닦는 것에 힘쓰지 않겠소? 《시경》 〈소아 백화白華〉의 시구에는 '궁 안에 종을 두드리니 종소리가 밖에까지 들려오네.'라고 했고, 〈소아 학명鶴鳴〉의 시구에는 '학이 물가 언덕에서 우니 울음소리가 하늘까지 들리네.'라고 했소. 진실로 능히 자신을 닦으면 영달하지 못하는 것을 어찌 근심하겠소. 태공망太公望은 몸소 인의를 실천한 지 72년 만에 문왕文王을 만나서 그의 말을 실행할 수 있었으며, 제나라에 봉해져 700년 동안 단절되지 않았소. 이것이 선비들이 밤낮으로 힘쓰고 힘써 학문을 닦고 도를 행하면서 감히 중지하지 않는 것이오. 지금 세상의 처사들은 시대에 비록 등용되지 못했으나 우뚝 솟아서 홀로 서고 괴연塊然하게 홀로 처해서 위로는 요임금 때의 허유許由를 바라보고, 아래로는 초나라 접여接輿를 살피며, 계책은 범려范蠡와 함께하고, 충성은 오자서伍子胥와 합하지만, 천하는 화평하고 의義와 서로 부지扶支하니, 짝할 자와 따르는 무리가 적은 것은 실로 일상日常인데, 그대들이 어찌하여 나를 의심하는 것이오."

이에 여러 선생이 묵연해지고 응대하는 자가 없었다.

東方生曰 是固非子所能備也 彼一時也 此一時也 豈可同哉 夫張儀蘇秦之時 周室大壞 諸侯不朝 力政爭權 相禽以兵 幷爲十二國 未有雌雄

得士者彊 失士者亡 故說聽行通 身處尊位 澤及後世 子孫長榮 今非然也 聖帝在上 德流天下 諸侯賓服 威振四夷 連四海之外以爲席 安於覆盂 天下平均 合爲一家 動發擧事 猶如運之掌中 賢與不肖 何以異哉 方今以天下之大 士民之衆 竭精馳說 竝進輻湊者 不可勝數 悉力慕義 困於衣食 或失門戶 使張儀蘇秦與僕竝生於今之世 曾不能得掌故 安敢望常侍侍郞乎 傳曰天下無害菑 雖有聖人 無所施其才上下和同 雖有賢者 無所立功 故曰時異則事異 雖然 安可以不務修身乎 詩曰 鼓鍾于宮 聲聞于外 鶴鳴九皐 聲聞于天 苟能修身 何患不榮 太公躬行仁義七十二年 逢文王 得行其說 封於齊 七百歲而不絶 此士之所以日夜孜孜 修學行道 不敢止也 今世之處士 時雖不用 崛然獨立 塊然獨處 上觀許由 下察接輿 策同范蠡 忠合子胥 天下和平 與義相扶 寡偶少徒 固其常也 子何疑於余哉 於是諸先生默然無以應也

건장궁建章宮① 뒤쪽 협문의 이중 난간② 속에서 어떤 동물이 나왔는데 그 모양이 순록과 비슷했다. 이에 보고하자 무제가 직접 가서 살펴보았다. 좌우의 여러 신하 중 사리事理에 익숙하고 경학에 능통한 자에게 물었으나 아무도 알지 못했다. 그래서 조서를 내려서 동방삭을 불러서 살펴보게 했다. 동방삭이 말했다.
"신이 알고 있습니다. 바라옵건대 신에게 맛좋은 술과 기장밥을 내리시어 실컷 먹게 해주신다면 신이 말씀드리겠습니다."
조서를 내려서 "그렇게 하겠다."라고 했다. (좋은 술과 기장밥을 먹고 난 뒤) 또 말했다.

"아무 곳에 물고기가 사는 연못과 부들과 갈대가 있는 몇 경頃의 공전公田이 있는데, 폐하께서 신에게 하사해 주신다면 신 삭朔이 곧 말씀드리겠습니다."

조서를 내려서 "그렇게 하겠다."라고 했다.

이에 동방삭이 기꺼이 말했다.

"이른바 추아騶牙[3]라고 하는 것입니다. 먼 곳의 나라에서 황제의 뜻을 연모해 귀속하러 올 때면 추아가 먼저 나타납니다. 그 이빨은 앞뒤의 이빨이 한결같이 가지런해서 어금니가 없습니다. 그러므로 추아라고 이릅니다."

그런 일이 있은 1년 뒤에 흉노의 혼야왕混邪王이 과연 10만 명의 백성을 거느리고 한나라에 항복해 왔다. 이에 다시 동방삭에게 돈과 재물을 매우 많이 하사했다.

建章宮[1]後閣重櫟[2]中有物出焉 其狀似麋 以聞 武帝往臨視之 問左右群臣習事通經術者 莫能知 詔東方朔視之 朔曰 臣知之 願賜美酒粱飯大飧臣 臣乃言 詔曰 可 已又曰 某所有公田魚池蒲葦數頃 陛下以賜臣臣朔乃言 詔曰 可 於是朔乃肯言 曰 所謂騶牙[3]者也 遠方當來歸義 而騶牙先見 其齒前後若一 齊等無牙 故謂之騶牙 其後一歲所 匈奴混邪王果將十萬衆來降漢 乃復賜東方生錢財甚多

① 建章宮건장궁

정의 장안현長安縣 서북쪽 20리의 옛 성안에 있다.

在長安縣西北二十里故城中

② 重櫟중력

정의 앞 글자 重의 발음은 '죵[逐龍反]'이고 櫟의 발음은 '력歷'이다. 중력重櫟은 난간欄杆의 아래에 거듭 난간인 곳이 있는 것이다.

上逐龍反 下音歷 重櫟 欄楯之下有重欄處也

③ 騶牙추아

색은 騶의 발음은 '추鄒'이다. 살펴보니 동방삭이 뜻으로써 스스로의 명성을 세우려고 한 것이 우연하게 적중한 것이다. 9개의 어금니가 가지런하게 있다. 그러므로 추아騶牙라고 이르는 것이며, 추기騶騎가 그러한 것과 같다.

騶音鄒 按 方朔以意自立名而偶中也 以有九牙齊等 故謂之騶牙 猶騶騎然也

동방삭이 늙어서 죽음에 이르게 되자 무제에게 간언해서 말했다.
"《시경》〈소아 청승靑蠅〉 편에 이르기를 '윙윙대는 쉬파리 울타리에 앉았네. 점잖은 군자께서는 참소하는 말을 믿지 마소. 참소하는 것은 끝이 없어 온 나라를 어지럽히네.'라고 했습니다. 원컨대 폐하께서는 교묘하게 아첨하는 자들을 멀리하시고 참소하는 말을 물리쳐 주십시오."
황제인 무제가 말했다.
"지금 생각해보니 동방삭이 좋은 말을 많이 하는구나."
이에 괴이하게 여겼다. 얼마 지나지 않아 동방삭은 과연 병으로 죽었다. 전해 오는 말에 '새가 장차 죽으려면 그의 울음소리가 슬프고, 사람이 장차 죽으려면 그의 말이 선하다.'라고 했다. 이러한 것을 이르는 것이리라.

至老 朔且死時 諫曰 詩云 營營青蠅 止于蕃 愷悌君子 無信讒言 讒言罔極 交亂四國 願陛下遠巧佞 退讒言 帝曰 今顧東方朔多善言 怪之 居無幾何 朔果病死 傳曰 鳥之將死 其鳴也哀 人之將死 其言也善 此之謂也

무제 때 대장군인 위청衛青은 위황후衛皇后의 오라비인데① 봉해져 장평후長平侯가 되었다. 종군從軍하여 흉노를 공격해 여오수余吾水의 주변까지 갔다가 돌아왔다. 적의 수급을 베고 포로로 잡아 온 공로가 있어 장안으로 돌아와 조서를 내려 1,000금을 하사받았다.

위청 장군이 궁문에서 나오자 제나라 사람 동곽 선생東郭先生이 방사方士로서 공거公車에서 조서를 기다리고 있다가 위장군의 수레가 나오는 길을 가로막고 배알하고 말했다.

"원하건대 아뢸 일이 있습니다.②"

위청 장군이 그의 앞에 수레를 멈추게 했다. 동곽 선생이 수레 옆으로 와서 말했다.

"왕부인王夫人께서 새로이 주상의 사랑을 받고 있는데, 집안이 가난합니다. 지금 장군께서 1,000금을 얻었으니 진실로 그 절반을 왕부인의 모친에게 주십시오. 군주께서 들으시면 반드시 기뻐하실 것입니다. 이러한 것을 이른바 기묘한 계책이면서, 유리한 계책이라고 하는 것입니다."

위청 장군이 사례하면서 말했다.

"선생께서 다행히도 유리한 계책을 알려 주었으니 청컨대 가르침을 받을 것이오."

이에 위청 장군이 500금으로 왕부인 모친의 장수를 빌어 주었다. 왕부인이 무제에게 보고했다. 무제가 말했다.

"대장군은 이와 같은 일을 알지 못할 것인데."

무제가 대장군 위청에게 어디에서 계책을 받았는지를 물었다. 위청이 대답했다.

"대조待詔인 동곽 선생에게 계책을 받았습니다."

이에 조서로 동곽 선생을 불러서 벼슬을 제수하여 군郡의 도위都尉로 삼았다.

武帝時 大將軍衛靑者 衛后兄[①]也 封爲長平侯 從軍擊匈奴 至余吾水上而還 斬首捕虜 有功來歸 詔賜金千斤 將軍出宮門 齊人東郭先生以方士待詔公車 當道遮衛將軍車 拜謁曰 願白事[②] 將軍止車前 東郭先生旁車言曰 王夫人新得幸於上 家貧 今將軍得金千斤 誠以其半賜王夫人之親 人主聞之必喜 此所謂奇策便計也 衛將軍謝之曰 先生幸告之以便計 請奉教 於是衛將軍乃以五百金爲王夫人之親壽 王夫人以聞武帝 帝曰 大將軍不知爲此 問之安所受計策 對曰 受之待詔者東郭先生 詔召東郭先生 拜以爲郡都尉

① 衛后兄위후형

집해 서광이 말했다. "〈위청전〉에는 자부子夫의 아우라고 했다."

徐廣曰 衛靑傳曰子夫之弟也

② 願白事원백사

집해 서광이 말했다. "〈위청전〉에는 영승甯乘이 위청을 설득하자 제수해 동해군 도위都尉로 삼았다고 일렀다."

徐廣曰 衛青傳云甯乘說青而拜爲東海都尉

동곽 선생은 오랫동안 공거公車에서 조서를 기다리는데 가난하고 군색하여 굶주리고 떨었다. 옷은 다 떨어지고 신발은 완전하지 못했다. 눈 속을 거니는데 신발에 위만 있고 바닥이 없어서 발바닥으로 땅을 밟았다. 길을 가는 사람들이 웃자 동곽 선생이 응대했다. "누가 신을 신고 눈 속을 걸어가면서 남들에게 살펴보게 해서 그 위는 신발이고 그 신발의 아래는 사람의 발과 같아 보이게 할 수 있겠는가?"

2,000석石의 관직에 오르자 푸른 인끈①을 차고 궁문 밖으로 나가 주인집으로 하직 인사를 하러 갔다.

진작부터 동급으로 관리로 조명詔命을 기다리는 자들이 무리로 모여 도성문 밖에서 술자리를 베풀어 전송했다.② 이 때문에 영화로운 이름이 도로에 퍼졌고 이름을 당세에 세웠다.③ 이것을 이른바 굵은 베옷을 입고 보배를 품은 사람④이라고 하는 것이다.

응당 그가 가난할 때는 사람들이 쳐다보지도 않았지만, 그가 귀해짐에 이르러 이에 다투어 아부했다. 속담에 이르기를 '말을 감정할 때에는 마른 것 때문에 실수하고, 선비를 살필 때에는 가난한 것 때문에 실수한다.'라고 했다. 이는 동곽 선생의 경우를 이르는 것이리라.

東郭先生久待詔公車 貧困飢寒 衣敝 履不完 行雪中 履有上無下 足盡踐地 道中人笑之 東郭先生應之曰 誰能履行雪中 令人視之 其上履也 其履下處乃似人足者乎 及其拜爲二千石 佩靑緺①出宮門 行謝主人 故所以同官待詔者 等比祖道②於都門外 榮華道路 立名當世③ 此所謂衣褐懷寶④者也 當其貧困時 人莫省視 至其貴也 乃爭附之 諺曰 相馬失之瘦 相士失之貧 其此之謂邪

① 緺과

집해 서광이 말했다. "緺의 발음은 '과瓜'이며 '라螺'로도 발음한다. 푸른 인끈이다."

徐廣曰 音瓜 一音螺 靑綬

② 祖道조도

신주 먼 길 떠나는 사람에게 술자리를 베풀어서 이별하여 보내는 일을 말한다.

③ 立名當世입명당세

집해 서광이 말했다. "동곽 선생이다."

徐廣曰 東郭先生也

④ 衣褐懷寶의갈회보

색은 이는 동곽 선생을 가리킨 것이다. 그는 몸에 갈포를 입었으나 보옥寶玉을 품었다는 것을 말한 것이다.

此指東郭先生也 言其身衣褐而懷寶玉

왕부인이 병이 몹시 심했다. 천자는 몸소 가서 문병하고 말했다.

"그대가 낳은 아들은 마땅히 왕이 될 것이다. 어느 곳의 왕이 되었으면 하는가?"

왕부인이 말했다.

"원컨대 낙양洛陽에 살았으면 합니다."

군주가 말했다.

"불가하다. 낙양에는 무고武庫와 오창敖倉이 있고 함곡관의 출입구에 해당하여 천하의 목구멍이라고 하는 곳이다. 선제先帝 때부터 지금까지 전해오면서 왕을 두지 않았다. 관동關東에서는 제나라보다 큰 곳이 없다. 제왕齊王을 시키는 것이 가할 것이다."

왕부인이 손으로 머리를 치며 "매우 다행입니다."라고 소리쳤다.

왕부인이 죽자 '제왕齊王 태후가 홍거薨去했다.'라고 호칭했다.

王夫人病甚 人主至自往問之曰 子當爲王 欲安所置之 對曰 願居洛陽 人主曰 不可 洛陽有武庫敖倉 當關口 天下咽喉 自先帝以來 傳不爲置王 然關東國莫大於齊 可以爲齊王 王夫人以手擊頭 呼 幸甚 王夫人死 號曰 齊王太后薨

예전에 제나라 왕이 순우곤을 시켜서 고니를 초나라에 바치게 했다.① 순우곤이 제나라 성문을 나가서는 길에서 그 고니를 날려 보냈다. 이에 빈 새장만을 가지고 거짓으로 핑계 댈 말을 꾸며② 가서 초나라 왕을 찾아뵙고 말했다.

"제나라 왕께서 신에게 와서 왕께 고니를 바치라고 했습니다. 그런데 물 위를 지나오는데 고니가 목말라 하는 것을 차마 보지 못하고 꺼내어 물을 마시게 하자 저를 버리고 날아 도망쳤습니다. 저는 배를 찌르고 목을 매어 죽고자 했으나 사람들이 우리의 왕이 조수鳥獸 때문에 선비를 스스로 죽게 했다고 수군거릴 것이 두려워 그만두었습니다. 고니는 털이 있는 짐승이며③ 서로 비슷한 것들이 많아 저는 비슷한 것을 사서 대신하고자 했으나 이것 또한 믿지 못할 것으로 왕을 속이는 것으로 여겼습니다. 또 다른 나라로 도망치는 것도 생각했으나 이것 역시 우리 두 나라 군주에게 사신의 길이 단절될 것이 마음 아팠습니다. 그러므로 와서 뵙고 죄를 자복하고 머리를 조아려 대왕께 죄과罪過의 벌을 받고자 합니다."

이에 초나라 왕이 말했다.

"잘한 일이오. 제나라 왕에게 이와 같은 진실한 선비가 있었다니."

두텁게 상을 내렸다. 순우곤이 바치려던 고니보다 재물을 갑절이나 더 주었다.

昔者 齊王使淳于髡獻鵠於楚① 出邑門 道飛其鵠 徒揭空籠 造詐成辭② 往見楚王曰 齊王使臣來獻鵠 過於水上 不忍鵠之渴 出而飲之 去我飛亡 吾欲刺腹絞頸而死 恐人之議吾王以鳥獸之故令士自傷殺也 鵠 毛

物[3] 多相類者 吾欲買而代之 是不信而欺吾王也 欲赴佗國奔亡 痛吾兩主使不通 故來服過 叩頭受罪大王 楚王曰 善 齊王有信士若此哉 厚賜之財倍鵠在也

① 獻鵠於楚헌곡어초

색은 살펴보니 《한시외전》에는 제나라에서 사람을 시켜 고니를 초나라에 바치게 했는데, 순우곤이라고는 말하지 않았다. 또 《설원》에는 위문후魏文侯가 사인舍人 무택無擇을 시켜 기러기를 제나라에 헌상하게 했다고 일렀으니, 모두 대략은 동일하고 일만이 다른데, 거의 서로 뒤섞인 것이다.

案 韓詩外傳齊使人獻鵠於楚 不言髡 又說苑云魏文侯使舍人無擇獻鴻於齊 皆略同而事異 殆相涉亂也

② 造詐成辭조사성사

신주 거짓으로 그럴듯하게 말을 꾸미다.

③ 毛物모물

신주 짐승을 뜻한다.

무제 때 북해北海의 태수를 불러① 행재소로 나아가게 했다. 문학졸사文學卒史② 왕선생王先生이라는 자가 있었는데 스스로 청해서 태수와 함께하기를 바라며 말했다.

"내가 가면 태수에게 보탬이 있을 것입니다."

태수가 허락했다. 태수부太守府의 여러 관리와 공조功曹들이 아뢰어 말했다.

"왕선생은 술을 좋아하고 말은 많은데 진실이 적어서 함께할 수 없습니다."

태수가 말했다.

"선생이 함께하기로 마음먹었으니 거절할 수 없다."

마침내 함께했다. 동행하여 궁 아래에 이르러 궁부宮府의 문에서 조서를 기다렸다. 왕선생은 수중에 있는 돈으로 술을 사서 위졸衛卒, 복야僕射와 함께 마시고 날마다 취하여 그의 태수를 살펴보지 않았다. 태수가 궁 안으로 들어가 무릎을 꿇고 절하여 황제를 만나볼 시간이 되자 왕선생이 호랑戶郎에게 일러 말했다.

"다행히도 나를 위해 우리의 태수를 불러서 문안에 이르면 멀리서라도 이야기를 할 수 있게 해주시오."

이에 호랑戶郎이 태수를 불러 주었다. 태수가 와서 멀리서 왕선생을 바라보았다. 왕선생이 말했다.

"천자께서 곧 군君에게 어떻게 북해군③을 다스려 도적들이 없게 했느냐고 물으시면 군께서는 대답을 어떻게 하시겠습니까?"

태수가 말했다.

"현명한 인재를 골라서 뽑아 각각 그의 능력에 따라 맡기고 뛰어난 자에게는 상을 주고 불초한 자에게는 벌을 내렸다고 하겠소."
왕선생이 말했다.
"이처럼 대답하면 이것은 스스로 칭찬하고 스스로 공로를 자랑하는 것으로 옳지 못합니다. 원하건대 군君께서 대답하실 말씀은 '이것은 신의 능력이 아니옵고 폐하의 신령스러움과 위무威武를 다하여 변화시킨 것입니다.'라고 하십시오."
태수가 "알았소."라고 했다. 불려서 들어가 궁전의 어전 아래에 이르자 조서를 내려서 물었다.
"어떻게 북해를 다스려 도적들이 일어나지 않게 했는가?"
태수가 머리를 조아리며 대답해서 말했다.
"신의 능력이 아니옵고 폐하의 신령스러움과 위무威武를 다하여 변화시킨 것입니다."
무제가 크게 웃고 말했다.
"어라! 어떤 장자長者의 말을 얻어서 일컫는 것이냐! 누구에게서 가르침을 받았는가?"
대답해서 말했다.
"문학졸사에게서 가르침을 받았습니다."
무제가 말했다.
"지금 어디에 있는가?"
대답해서 말했다.
"궁부宮府의 문밖에 있습니다."
조서를 내려 불러서 왕선생을 벼슬에 제수하여 수행승水衡丞으로 삼고, 북해태수를 수형도위水衡都尉로 삼았다.

전해오는 말에 일렀다.

"아름다운 말은 사들여야 하고 높은 행실은 남에게 더해야 한다. 군자는 말로써 서로를 보내고 소인은 재물로써 서로를 보낸다."

武帝時 徵北海太守①詣行在所 有文學卒史②王先生者 自請與太守俱 吾有益於君 君許之 諸府掾功曹白云 王先生嗜酒 多言少實 恐不可與俱 太守曰 先生意欲行 不可逆 遂與俱 行至宮下 待詔宮府門 王先生徒懷錢沽酒 與衛卒僕射飮 日醉 不視其太守 太守入跪拜 王先生謂戶郎曰 幸爲我呼吾君至門內遙語 戶郎爲呼太守 太守來 望見王先生 王先生曰 天子卽問君何以治北海③令無盜賊 君對曰何哉 對曰 選擇賢材 各任之以其能 賞異等 罰不肖 王先生曰 對如是 是自譽自伐功 不可也 願君對言 非臣之力 盡陛下神靈威武所變化也 太守曰 諾 召入 至于殿下 有詔問之曰 何於治北海 令盜賊不起 叩頭對言 非臣之力 盡陛下神靈威武之所變化也 武帝大笑 曰 於呼 安得長者之語而稱之 安所受之 對曰 受之文學卒史 帝曰 今安在 對曰 在宮府門外 有詔召拜王先生爲水衡丞 以北海太守爲水衡都尉 傳曰 美言可以市 尊行可以加人 君子相送以言 小人相送以財

① 武帝時徵北海太守무제시징북해태수

색은 《한서》에는 선제宣帝가 발해태수 공수龔遂를 불렀고 무제 때는 아니었다. 이것은 저선생이 잘못 기록했을 뿐이다.

漢書宣帝徵渤海太守龔遂 非武帝時 此褚先生記謬耳

② 文學卒史문학졸사

신주 문서를 관장하는 말단 관리이다.

③ 北海북해

정의 지금의 청주이다.

今青州

서문표 이야기

전국시대 위魏나라 문후文侯 때, 서문표西門豹는 업鄴 땅[①]의 현령이 되었다. 서문표는 부임하여 업현에 도착하자 곧 장로長老들을 불러 모아 백성이 고통스러워하는 것을 물었다. 장로들이 말했다.

"하백河伯[②](황하의 수신水神)이 아내를 취하는 것을 괴롭게 여기는데 그 때문에 가난하기도 합니다."

서문표가 그 까닭을 물었다. 장로들이 대답했다.

"업 땅의 삼로三老들과 현청의 관리들이 항상 해마다 백성에게 세금을 거두는데 거두어들인 그 돈이 수백만 전이 되면 그중 20~30만전은 하백을 장가들이는 데 사용하고 나머지 돈은 축祝과 무당들이 함께 나누어 가지고 돌아갑니다. 그때가 되면 무당들은 작은 집들의 딸들이 예쁜지를 살펴보고 예쁜 딸을 발견하면 이 처녀가 하백의 부인이 될 만하다고 합니다. 그리고 곧 폐백을 보내서 그 처녀를 데려옵니다. 이에 깨끗하게 목욕시켜 새로이 비단옷을 지어 입히고 한가하게 살게 하며 재계를 시킵니다. 또 재계하는 궁은 하수 가에 만들고 누렇고 붉은 비단으로[③] 장막을 치는데 처녀는 그 안에서 살게 합니다. 그리고 쇠고기와 술과 밥 등을 갖추어 10여 일 동안 먹게 합니다. 함께 치장도 해주고 마치 시집 가는 여자의 평상 자리와 같은 것을 만들어 처녀를 그 위에 앉게 하고 하수河水에 띄웁니다. 처음에는 떠 있다가 수십 리를 가면 물속으로 가라안게 됩니다. 그 인가人家에서 아름다운 딸을 둔 자들은 대무축大巫祝이 하백을 위해 딸을 빼앗아 가는 것을 두려워하여 이 때문에 대다수 딸을 가진 집은 멀리 도망을 칩니다. 그래서 성안은 더욱 비어 사람들이 없고 또 빈곤貧困해졌으며 (이 풍속이) 유래한 바도 오래되었습니다. 백성의 속담에도 '곧 하백이 부인을 취하지 않는다면 물이 몰려와 성을 침몰시켜서 그 백성을 빠뜨릴 것이다'라고 말합니다."

魏文侯時 西門豹爲鄴[①]令 豹往到鄴 會長老 問之民所疾苦 長老曰 苦爲河伯[②]娶婦 以故貧 豹問其故 對曰 鄴三老廷掾常歲賦斂百姓 收取其錢得數百萬 用其二三十萬爲河伯娶婦 與祝巫共分其餘錢持歸 當其時巫行視小家女好者 云是當爲河伯婦 卽娉取 洗沐之 爲治新繒綺縠衣 閑居齋戒 爲治齋宮河上 張緹[③]絳帷 女居其中 爲具牛酒飯食 (行)十餘日 共粉飾之 如嫁女床席 令女居其上 浮之河中 始浮 行數十里乃沒 其人家有好女者 恐大巫祝爲河伯取之 以故多持女遠逃亡 以故城中益空無人 又困貧 所從來久遠矣 民人俗語曰卽不爲河伯娶婦 水來漂沒 溺其人民 云

① 鄴 업

정의 지금의 상주相州 현이다.

今相州縣也

② 河伯하백

정의 하백은 화음華陰의 동향潼鄕 사람이고 성은 풍씨馮氏이고 이름은 이夷이다. 하수 안에서 목욕하다 익사해서 마침내 하백이 되었다.

河伯 華陰潼鄕人 姓馮氏 名夷 浴於河中而溺死 遂爲河伯也

③ 緹제

정의 緹의 발음은 '테[他禮反]'이다. 고야왕이 말했다. "황적색이다. 또 緹의 발음은 '제啼'이다. 두터운 비단이다."

緹 他禮反 顧野王云 黃赤色也 又音啼 厚繒也

서문표가 말했다.

"하백을 장가들이는 시기가 되어 삼로三老,[1] 무축巫祝, 부로父老들이 처녀를 하수가에서 보내기를 원한다면 와서 말해주기를 바란다. 나도 또한 가서 처녀를 보내리라."

모두가 말했다.

"그렇게 하겠습니다."

그 시기에 이르자 서문표는 가서 하수가에 모이게 했다. 삼로三老와 관속들과 호협한 장로들과 마을의 부로들이 모두 모였으며 백성도 가서 참관하는 자들이 2~3,000명이나 되었다. 그 무당은 늙은 여인이었는데 이미 70여 세나 되었다. 따르는 제자 무당들은 10여 명이었는데 모두 비단 홑옷을 입고 대무당 뒤에 서 있었다.

서문표가 말했다.

"하백의 신부를 불러오너라. 그가 아름다운지 추한지를 볼 것이다."
곧 나아가 처녀를 장막 안에서 나오게 해서 서문표의 앞에 이르게 했다. 서문표가 살펴보고 삼로와 무축巫祝(무당과 박수)과 부로父老들을 돌아보고 말했다.
"이 여자는 아름답지 못하다. 번거롭지만 대무당이 물속으로 들어가서 하백에게 여쭈어 날짜를 바꾸어 아름다운 여인을 구해서 후일에 보내 드리겠다고 하여라."
곧 이졸吏卒을 시켜서 대무당을 안아서 하수 안에 던져 버렸다. 한참 있다가 서문표가 말했다.
"무당은 어찌 이리 오래 있는가? 제자들이 빨리 달려 가보아라."
다시 제자 한 사람을 하수 안으로 던졌다. 한참을 있다가 서문표가 또 말했다.
"제자도 어찌하여 오래도록 있는가? 다시 한 사람이 들어가서 빨리 오라고 하라."
이에 다시 한 사람의 제자를 하수 안으로 던졌다. 총 3명의 제자들을 던졌다. 그리고 서문표가 말했다.
"무당이나 제자들은 모두 여자들이라 능히 사정을 아뢰지 못하는 것 같으니 번거롭겠지만 삼로께서 들어가 아뢰시오."
다시 삼로 1명을 하수 안으로 던졌다. 그리고 서문표는 잠필簪筆[②]을 가지고 공손히 읍을 하면서 하수를 향하여 서서 한참 동안을 기다렸다. 장로長老와 관리들과 참관한 자들 모두가 놀라고 두려워했다. 서문표가 돌아보고 말했다.
"무당도 삼로도 돌아오지 않고 있다. 어찌 된 것인가?"

그러고는 다시 관청의 관리와 호협한 장로 한 사람을 시켜 하수로 들어가 독촉하게 하고자 했다.
모두가 머리를 땅에 찧어 찧은 머리가 또 깨져 이마의 피가 땅까지 흘렀으며 얼굴빛이 잿빛과 같았다.
서문표가 말했다.
"알았다. 또 머물러 잠깐 기다려보자."
한참 동안 기다렸다가 서문표가 말했다.
"관청의 관리들은 일어나라. 아마도 하백께서는 찾아간 손님들을 오랫동안 억류시킬 것 같으니 너희들은 모두 그만 돌아가거라."
업 땅의 관리와 백성이 크게 놀라고 두려워했다. 이 이후로는 감히 다시는 하백이 부녀를 취한다는 따위의 말은 하지 못했다.
서문표는 곧바로 백성을 동원하여 12개의 도랑을 파게하고 하수를 끌어들여 백성의 전답에 물을 대게③ 해 전답에 모두 물을 댈 수가 있었다.
이때 백성은 도랑을 다스리는 것이 다소 번거롭고 고통스러워서 하려고 하지 않았다.
西門豹曰 至爲河伯娶婦時 願三老①巫祝父老送女河上 幸來告語之 吾亦往送女 皆曰 諾 至其時 西門豹往會之河上 三老官屬豪長者里父老皆會 以人民往觀之者三二千人 其巫 老女子也 已年七十 從弟子女十人所 皆衣繒單衣 立大巫後 西門豹曰 呼河伯婦來 視其好醜 卽將女出帷中 來至前 豹視之 顧謂三老巫祝父老曰 是女子不好 煩大巫嫗爲入報河伯 得更求好女 後日送之 卽使使卒共抱大巫嫗投之河中 有頃 曰 巫嫗何久也 弟子趣之 復以弟子一人投河中 有頃 曰 弟子何久也 復使

一人趣之 復投一弟子河中 凡投三弟子 西門豹曰 巫嫗弟子是女子也 不能白事 煩三老爲入白之 復投三老河中 西門豹簪筆[2]磬折 嚮河立待 良久 長老吏傍觀者皆驚恐 西門豹顧曰 巫嫗三老不來還 柰之何 欲復使廷掾與豪長者一人入趣之 皆叩頭 叩頭且破 額血流地 色如死灰 西門豹曰 諾 且留待之須臾 須臾 豹曰 廷掾起矣 狀河伯留客之久 若皆罷去歸矣 鄴吏民大驚恐 從是以後 不敢復言爲河伯娶婦 西門豹卽發民鑿十二渠 引河水灌民田[3] 田皆溉 當其時 民治渠少煩苦 不欲也

① 三老삼로

정의 정亭의 삼로이다.

亭三老

② 簪筆잠필

정의 잠필簪筆은 털로 장식한 것을 머리에 꽂는데 길이는 5치이다. 꽂는 것이 관 앞에 있어 그것을 일러 필筆이라고 하는데, 붓을 꽂아 예를 갖추는 것을 말한 것이다. 경절磬折은 몸을 굽혀서 읍을 하는 것을 이르는 것이며 석경石磬의 형상이 굽어서 꺾인 것과 같은 것이다. 경磬은 한 조각의 검은 돌이다. 모두 20편片이고 세워서 종틀 위에 놓아두고 치는 것이다. 그 형상은 모두 중앙이 굽고 양쪽의 머리는 늘어져 사람 허리의 곁과 비슷한 것을 말한 것이다.

簪筆 謂以毛裝簪頭 長五寸 插在冠前 謂之爲筆 言插筆備禮也 磬折 謂曲體揖之 若石磬之形曲折也 磬 一片黑石 凡十二片 樹在虡上擊之 其形皆中曲垂兩頭 言人腰側似也

③ 鑿十二渠引河水灌民田착십이거인하수관민전

정의 《괄지지》에서 말한다. "살펴보니 횡거橫渠는 가장 먼저 장수漳水에 접하는데, 대개는 서문표와 사기史起가 뚫은 도랑이다." 《한서》 〈구혁지〉에서 말한다. "위문후魏文侯 때 서문표가 업鄴의 현령이 되어 현령으로서 명성이 있었다. 위문후의 증손 양왕襄王에 이르러 여러 신하와 함께 술을 마시면서 축하하기를 '나의 신하들은 모두 서문표와 같은 신하가 되게 하라.'라고 했다. 사기史起가 앞으로 나아가 이르기를 '위씨魏氏의 행전行田은 100묘畝이고 업鄴 땅은 유독 200묘인데 이 전답은 척박합니다. 장수漳水가 그 곁에 있는데, 서문표는 (관개하여) 사용하는 것을 알지 못했으니 이것은 지혜롭지 못한 것입니다. 알고도 일으키지 않았다면 이는 인仁하지 못한 것입니다. 인仁과 지혜를 서문표가 다하지 못했는데 무엇을 족히 본받겠습니까?'라고 했다. 이에 사기史起가 업鄴 땅의 현령이 되어 마침내 장수漳水를 끌어다 업 땅에 물을 대어 위魏나라 하내를 부유하게 한 것이다." 좌사의 《위도부》에서 말한다. "서문표가 그 이전에 물을 댔고 사기가 그 후에 넓힌 것이라고 한다."

括地志云 按 橫渠首接漳水 蓋西門豹史起所鑿之渠也 溝洫志云 魏文侯時 西門豹爲鄴令 有令名 至文侯曾孫襄王 與群臣飮 祝曰 令吾臣皆如西門豹之爲人臣也 史起進曰 魏氏之行田也以百畝 鄴獨二百畝 是田惡也 漳水在其傍 西門不知用 是不智 知而不興 是不仁 仁智豹未之盡 何足法也 於是史起爲鄴令 遂引漳水漑鄴 以富魏之河內 左思魏都賦云 西門漑其前 史起濯其後也

서문표가 말했다.

"백성이란 성공한 것만을 즐거워하고 함께 일을 시작하는 것은 생각하지 않는다. 지금은 부로父老의 자제들이 비록 나를 꺼려하고 고통스러워하겠지만, 100년 뒤를 기약하면 부로의 자손들이 나의 말을 생각하게 될 것이다."

지금까지 모두가 물의 이로움을 얻고서는 백성이 자급자족하여 부유해졌다. 12개의 도랑이 천자의 치도馳道를 가로질러 지나갔다. 한나라가 세워지자 장리長吏는 12개 도랑의 다리가 천자의 치도를 끊고 서로 가까워서 불가하다고 했다. 이에 도랑의 물을 합하고자 했고 또 치도馳道가 이르는 곳에 3개의 도랑을 합해서 하나의 다리를 만들고자 했다.

업 땅의 백성과 부로들이 기꺼이 장리長吏의 말을 듣지 않았다. '서문군西門君'이 만든 것이라고 하고 어진 현령의 법식法式을 변경할 수 없다고 했다. 장리는 끝내 이들의 말을 듣고 그대로 두게 했다. 이 때문에 서문표는 업 땅의 현령이 되어 명성이 천하에 알려졌고 그의 덕택이 후세까지 미쳤으며, 끊어져 그친 때가 없었으니, 어찌 현대부賢大夫라고 이르지 않을 수 있겠는가? 《춘추전》에 이르기를 '자산子産이 정나라를 다스리자 백성이 능히 속이지 않았다. 복자천宓子賤이 선보單父를 다스리자 백성이 차마 그를 속이지 못했다. 서문표가 업 땅을 다스리자 백성이 감히 속이지 못했다.'라고 했다. 이 세 사람 중 재능이 누가 가장 현명한가? 다스리는 것을 분별하는 자는 마땅히 구별할 수 있을 것이다.①

豹曰 民可以樂成 不可與慮始 今父老子弟雖患苦我 然百歲後期令父

老子孫思我言 至今皆得水利 民人以給足富 十二渠經絶馳道 到漢之立 而長吏以爲十二渠橋絶馳道 相比近 不可 欲合渠水 且至馳道合三渠爲一橋 鄴民人父老不肯聽長吏 以爲西門君所爲也 賢君之法式不可更也 長吏終聽置之 故西門豹爲鄴令 名聞天下 澤流後世 無絶已時 幾可謂非賢大夫哉 傳曰 子産治鄭 民不能欺 子賤治單父 民不忍欺 西門豹治鄴 民不敢欺 三子之才能誰最賢哉 辨治者當能別之①

① 三子之才~當能別之 삼자지재~당능별지

집해 위문제가 여러 신하에게 물었다. "세 가지 속이지 않는다는 것 중 군주의 덕에 관한다면 어느 것이 뛰어난가?" 태위 종요鍾繇, 사도 화흠華歆, 사공 왕랑王郎이 대답하기를 "신하는 군주께서 덕에 맡겨 다스린다고 여기게 되면 신하는 의에 감격해 차마 속이지 못합니다. 군주께서 살피는 것에 맡겨 다스린다고 여기게 되면 신하는 알려질 것을 두려워해서 속일 수 없습니다. 군주께서 형벌을 맡겨 다스린다고 여기게 되면 신하는 죄를 두려워해서 감히 속이지 못하는 것입니다. 덕을 맡겨 의에 감격하게 하면 덕으로 인도하고 예로 가지런히 해서 부끄러움이 있어도 또 격이 있는 무리와 달려 나가야 합니다. 살피는 것에 맡겨 죄를 두려워하게 하면 정사로 인도하고 형벌로 가지런히 해서 사면하고 부끄러움이 없는 자들과 함께 돌아가야 합니다. 공자께서 이르기를 '정사를 하는데 덕으로써 다스리는 것을 비유하여 말하면 북극성은 그 자리에 있는데 뭇 별이 그를 기준으로 해서 돌고 있는 것과 같다.'라고 했습니다. 이 말을 살펴본다면 의義로써 논하건대 신 등이 차마 속이지 못하고 속일 수 없는 우열을 저울에 달아 한갓 내려갔다 올라갔다 하는 차이로 곧 경중輕重을 알아내려는 것은 아니 될 것입니다. 또 전대의 기록에서 일컫기를 '인자仁者는 인仁에 편안하고 지혜로운 자는 인仁을 이롭게 여긴다.'라고 했으니 죄를 두려워하는 자는 인仁을 억지로 할 것입니다. 그 인仁한 것을 가르치는 자는 공로가 다를 수 없습니다. 그 인仁이 됨을 비교 연구하는 자도 다르지 않다는 것을 얻지 못할 것입니다. 인仁에 편안한 자는 본성이 선善합니다. 인仁을 이롭게 여기는 자는 힘써 행합니다. 인仁을 억지로 하는 자는 부득이해서 행합니다. 세 가지의 인仁을 서로 비교한다면 인仁에 편안한 자가 뛰어난 것입니다. 《역易》에서 일컫기를 '신령스럽게 교화시켜 백성에게 마땅하게 한다.'라고 했습니다. 군주는 변화시켜서 백성에게 그러하게끔 하는 것과 같은 것입니다. 그런즉 인仁에 편안하여 교화하는 것이나 인仁을 억지로 해서 교화하는 것은 우열에서 또한 서로 현격한 차이가 나지 않을 수 없습니다. 그렇다면 세 부류의 신하가 속이지 않는 것은 비록 같을지라도 속이지 않는 까닭은 다른 것입니다. 곧 순일한 은의恩義로 숭상하면 속이지 않고, 함께 위엄으로 살펴 성취하면 속이지 않으나, 이미 평등함을 함께 해서 견주어 보거나 헤아리지 못하고, 또 서로 섞여 어지럽게 된다면 쉽게 안정시키지 못할 것입니다."라고 했다.

魏文帝問群臣 三不欺 於君德孰優 太尉鍾繇司徒華歆司空王朗對曰 臣以爲君任德 則臣感義而不忍欺 君任察 則臣畏覺而不能欺 君任刑 則臣畏罪而不敢欺 任德感義 與夫導德齊禮有恥且格等趨者也 任察畏罪 與夫導政齊刑免而無恥同歸者也 孔子曰 爲政以德 譬如北辰 居其所而衆星共之 考以斯言 論以斯義 臣等以爲不忍欺不能欺 優劣之縣在於權衡 非徒低卬之差 乃鈞銖之覺也 且前志稱 仁者安仁 智者利仁 畏罪者強仁 校其仁者 功則無以殊 核其爲仁者 則不得不異 安仁者 性善者也 利仁者 力行者也 強仁者 不得已者也 三仁相比 則安

仁優矣 易稱 神而化之 使民宜之 若君化使民然也 然則安仁之化與夫強仁之化優劣亦不得不相縣絕也 然則三臣之不欺雖同 所以不欺異矣 則純以恩義崇不欺 與以威察成不欺 旣不可同槪而比量 又不得錯綜而易處

색은 살펴보니 이곳의 삼불기三不欺는 옛 전기傳記부터 앞서간 통달한 이들이 함께 일컬어 기술하던 것인데 지금 저선생이 서문표의 기록을 따라 일컬어서 설명을 이룬 것이다. 〈순리열전〉에는 자산子産이 정나라 재상이 되어 인仁하고 또 현명했다. 그러므로 사람들이 능히 속이지 않았다고 기록했다. 자천子賤은 정사를 함이 맑고 깨끗하여 오직 거문고를 타면서 3년 동안 당堂에 내려가지 않았어도 교화되었다. 이 사람들은 생각하는 것을 보인 것이다. 그러므로 차마 속이지 못한 것이다. 서문표는 위엄 있는 교화로 풍속을 다스렸다. 그러므로 사람들이 감히 속이지 못했다. 그의 덕의 우열은 종요와 화흠의 평이 진실하여 실로 마땅한 것이 된다.

案 此三不欺自古傳記先達共所稱述 今褚先生因記西門豹而稱之以成說也 循吏傳記子産相鄭 仁而且明 故人不能欺之也 子賤爲政清淨 唯彈琴 三年不下堂而化 是人見思 故不忍欺之 豹以威化御俗 故人不敢欺 其德優劣 鍾華之評寔爲允當也

색은술찬 사마정이 펼쳐서 밝히다.

재치의 말이 가죽 술통에서 흘러나와 기름처럼 미끄럽고 가죽처럼 부드럽다. 천지의 민첩한 변화는 배움에 말솜씨라도 놓칠 게 아니다. 순우곤은 관끈이 끊어졌고 조나라는 군사를 일으켰다. 초나라 우맹은 재상을 거절하고 침구에서 손숙오의 제사를 얻게 했다. 위대하구나! 동방삭이여, 3,000간독을 기록하다니!

滑稽鴟夷 如脂如韋 敏捷之變 學不失詞 淳于索絕 趙國興師 楚優拒相 寢丘獲祠 偉哉方朔 三章紀之

사기 제127권 史記卷一百二十七
일자열전 日者列傳

사기 제127권 일자열전 제67

史記卷一百二十七 日者列傳第六十七

집해 《묵자》에는 "묵자墨子가 북쪽에 있는 제齊나라로 가다가 일자日者를 만났다. 일자가 이르기를 '상제上帝께서 오늘은 흑룡을 북방에서 도살했는데, 선생께선 얼굴빛이 검어서 북쪽으로 가는 것이 불가합니다.'라고 했다. 묵자는 듣지 않고 마침내 북쪽으로 가서 치수淄水에 이르렀다. 그러나 묵자는 가는 것을 이루지 못하고 되돌아왔다. 일자가 말했다. '내가 선생께 북쪽으로 가지 말라고 했잖습니까?'라고 했다." 그런즉 옛 사람들은 복서卜筮(점을 치는 것)와 날씨 등을 보고 길흉을 점쳤는데, 통상 그것을 일러 '일자日者'라고 했다. 《묵자》에서도 또한 일렀으니 단지 《사기》만이 그런 것이 아니었다.

墨子曰 墨子北之齊 遇日者 日者曰 帝以今日殺黑龍於北方 而先生之色黑 不可以北 墨子不聽 遂北 至淄水 墨子不遂而反焉 日者曰 我謂先生不可以北 然則古人占候卜筮 通謂之日者 墨子亦云 非但史記也

색은 살펴보니 복서卜筮를 '일자日者'라고 이름 지었다고 《묵자》에서 말했다. 왜냐하면 복서는 시時와 날의 길흉을 점친 까닭에 통상 '일자日者'라고 이름 지은 것이기 때문이다.

案 名卜筮曰 日者以墨 所以卜筮占候時日通名日者故也

신주 일자日者란 복서卜筮하는 사람이다. 복서는 시時와 날의 길흉을 점친다. 그래서 점치는 사람을 통상 일자日者라고 한다. 《서경》 〈주서 계의稽疑〉 주석에 점을 치는 데 공정성, 점을 치는 이유, 복서하는 일자의 자세에 관해서 이렇게 말했다.

"계稽는 자세히 살피는 것이니 의심스러우면 점을 쳐 살피는 것이다. 거북점을 '복卜'이라하고, 시초蓍草점을 '서筮'라고 한다. 시초와 거북점은 지극히 공정하고 사사로움이 없는 까닭에 하늘의 밝음을 이을 수 있으니, 복서하는 자는 또 지극히 공정하고 사사로움을 없게 한 뒤라야 시초와 거북의 뜻을 전할 수 있는 것이다. 반드시 이런 사람으로 가린 연후에 점을 치게 해야 한다."

이 때문에 사마천은 왕자王者가 일어난 데에는 일찍이 점을 쳐서 하늘의 명을 판단하지 않았던 적이 없었다. 한漢나라도 대왕代王(효문제)이 조정으로 들어올 때는 점을 치는 자에게 맡겨서 결정했다. 은나라는 거북점, 주나라는 역易, 진秦나라도 점친 사례가 있었으며, 한나라에 들어와서는 점치는 것을 제도화해 태복太卜이라는 관직이 생겨났다고 했다.

이편에는 인물 중심으로 기술한 다른 열전과는 달리, 초나라 사람 사마계주司馬季主와 송충宋忠, 가의賈誼가 복서卜筮에 대하여 논쟁한 내용을 싣고 있다. 성인聖人을 찾기 위해 돌아다니던 송충과 가의가 장안의 동쪽 시장에 사는 사마계주司馬季主를 찾아와 점치는 사람을 비판하자 사마계주가 이를 반박을 하는 내용으로 되있다.

사마천은 송충, 가의와 사마계주의 논쟁을 기록한 이유로 "옛날에 점치는 사람에 관하여 기록하지 않은 까닭은 여러 문헌에 거의 기록이 남아 있지 않기 때문이다. 사마계주에 이르러서는 내가 얻은 뜻이 있어 기록한다."라고 하였으니, 일자로서 수록할 만한 일화가 남아 있지 않아 기록하지 못하고 사마계주의 일화로 대신한 것임을 알 수 있다.

저소손褚少孫은 일자에 관한 자신의 의견을 덧붙여 기록해 놓았다. 그가 기록한 것 중 주목되는 것은 문제文帝가 점술가들을 모아 놓고 물었을 때이다. "아무 날에 며느리를 맞아들이는 것이 좋겠는가?"라는 물음에 여러 점술가들의 견해가 제각각이었다는 것이다. 그만큼 하늘의 뜻을 미리 아는 것이 어렵다는 반증일 것이다. 또한 점사占辭에 국가의 운명이나 개인의 일상을 맡기기보다는 민심이나 순리에 따르는 것이 낫지 않겠는가 생각이 든다.

제一장

사마계주 이야기

옛날부터 하늘의 명을 받은 자가 왕이 되었다. 왕자王者가 일어날 때 어찌 일찍이 점을 쳐서 하늘의 명을 판단하지 않았던 적이 있었는가! 그 점을 치는 것은 주周나라에서 가장 심했고 진秦나라에 이르러서도 그것을 볼 수 있다.
한漢나라 대왕代王이 조정으로 들어와 왕이 된 것도 점을 치는 자에게 맡겨서 결정한 것이었다. 이에 태복太卜이라는 관직이 생겼는데[①] 한나라가 일어나서부터 있게 된 것이다.
自古受命而王 王者之興何嘗不以卜筮決於天命哉 其於周尤甚 及秦可見 代王之入 任於卜者 太卜之起[①] 由漢興而有

① 太卜之起태복지기

색은 살펴보니 《주례》에는 태복太卜의 관직이 있다. 이곳에서는 '한漢나라로부터 일어났다.'라고 한 것은 한나라는 문제가 대횡大橫을 점친 뒤로부터 그 복관卜官이 계속해서 흥성했기 때문이다.
案 周禮有太卜之官 此云由漢興者 謂漢自文帝卜大橫之後 其卜官更興盛焉

신주 대횡大橫은 거북점으로 나타난 문양을 보고 길흉의 조짐을 점친다는 말이다.

사마계주司馬季主①는 초楚나라 사람으로, 장안長安의 동쪽 시장에서 점을 치고 있었다. 송충宋忠은 중대부中大夫가 되었고 가의賈誼는 박사博士가 되었는데 어느 땐가 같은 날에 함께 머리를 감는 휴가②를 얻어 밖으로 나오게 되었다. 둘은 서로 학문을 논하고 《역》을 독송하다가 선왕先王과 성인聖人의 도술道術로 두루 사람의 정서를 구명究明한 것을 보고 서로 보며 탄식했다. 가의가 말했다.

"내가 들으니 옛날의 성인은 조정에 있지 아니하면 반드시 점술가나 의원 가운데 있었다고 하오. 지금 나는 이미 삼공三公과 구경九卿과 조정에 있는 사대부들을 보아 왔지만 모두 성인이 아닌 것을 알 수 있었소. 복술자卜術者③ 가운데 있는지 시험 삼아 관찰해서 캐 봅시다."

두 사람은 곧장 함께 수레를 타고 시장으로 가서 점을 치는 가게로 들어갔다.

司馬季主①者 楚人也 卜於長安東市 宋忠爲中大夫 賈誼爲博士 同日俱出洗沐② 相從論議 誦易先王聖人之道術 究徧人情 相視而歎 賈誼曰 吾聞古之聖人 不居朝廷 必在卜醫之中 今吾已見三公九卿朝士大夫 皆可知矣 試之卜數③中以觀采 二人卽同輿而之市 游於卜肆中

① 司馬季主사마계주

색은 살펴보니 초楚나라 사람이라고 하였는데 태사공이 그의 가계를 정리하지 않았다. 대개 초나라 재상 사마자기司馬子期와 사마자반司馬子反의 후손이고 미성芈姓이다. 계주季主는 《열선전》에 보인다.

按 云楚人而太史公不序其系 蓋楚相司馬子期子反後 芈姓也 季主見列仙傳

② 洗沐세목

정의 한나라 관리는 5일에 한 번 세목洗沐(휴가)이 있었다.

漢官五日一假洗沐也

③ 卜數복수

색은 복수卜數는 술수術數와 같다. 數의 발음은 '수[所具反]'이다. 유씨가 말하길 "수數는 서筮이다."라고 했는데 또한 통한다. 점에서는 반드시 《역》의 대연大衍의 수를 사용한다.

卜數猶術數也 音所具反 劉氏云 數 筮也 亦通 筮必〔用〕易(用)大衍之數者也

신주 대연大衍은 《주역》 〈계사상〉 편에, "대연의 수는 50이다.[大衍之數五十]"라고 했다. 이는 설시揲蓍의 법을 말하는데, 《주역》으로 점칠 때 서죽筮竹, 즉 산가지의 수數가 50개였다. 따라서 대연의 수란 '50'을 의미한다.

하늘에서 막 비가 내리고 길에는 오가는 사람들도 적었다.
사마계주가 한가하게 앉아 있었는데, 제자 3~4명이 사마계주를 모시고 바야흐로 하늘과 땅의 도道, 해와 달의 운수, 음양과 길흉의 근본을 논하고 있었다.

두 대부는 재배하고 배알하기를 청했다. 사마계주가 그들의 얼굴의 생김새를 살펴보더니 같은 부류로 지식이 있는 자들이라 여겨서 곧 예우하고 제자들을 시켜서 자리를 깔게 했다. 좌석이 정해지자 사마계주는 다시 앞서 하던 이야기를 계속했다. 하늘과 땅의 끝마치고 시작하는 것과 해와 달과 별의 요긴한 것들을 분별하고 인의仁義 사이의 등차等差를 매기고, 길하고 흉한 것의 징험을 나열하며 수천 마디의 말을 하는데 하나도 이치에 따르지 않는 것이 없었다.

송충과 가의는 놀라고 깨닫는 것이 있어 관의 끈을 매고 옷깃을 바르게 하여[①] 단정히 앉아서[②] 말했다.

"저희가 선생님의 얼굴을 바라보고 선생님의 말씀을 들으니 저희가 간절히 세상을 살폈으나 일찍이 뵙지 못하는 분이십니다. 지금 어찌하여 누추한 곳에 거처하며 어찌하여 더러운 곳[③]에서 행하고 계십니까?"

天新雨 道少人 司馬季主閑坐 弟子三四人侍 方辯天地之道 日月之運 陰陽吉凶之本 二大夫再拜謁 司馬季主視其狀貌 如類有知者 卽禮之 使弟子延之坐 坐定 司馬季主復理前語 分別天地之終始 日月星辰之紀 差次仁義之際 列吉凶之符 語數千言 莫不順理 宋忠賈誼瞿然而悟 獵纓正襟[①]危坐[②] 曰 吾望先生之狀 聽先生之辭 小子竊觀於世 未嘗見也 今何居之卑 何行之汙[③]

① 獵纓正襟엽영정금

색은 엽獵은 남擥과 같다. 그의 관의 끈을 잡고 그의 옷깃을 바로 하고 변화해서 스스로 꾸민 것을 이른 것이다.

獵猶攬也 攬其冠纓而正其衣襟 謂變而自飾也

② 危坐위좌

색은 면좌免坐이다. 엎드려 숙여서 공경하는 것을 이른다.

免坐 謂俯俛爲敬

신주 자세를 바르게 하고 근엄하게 하고 꿇어앉은 모습이다.

③ 汙오

색은 汙의 발음은 '오[烏故反]'이다.

音烏故反

신주 사마사주의 품성과 지성에 비해 거처할 만한 곳이 아니기 때문에 '오汚'(더럽다)라고 표현한 것이다.

사마계주가 배를 안고 크게 웃으면서 말했다.
"대부大夫들의 부류를 살펴보니 도술道術이 있는 듯한데 지금 어찌 고루한 말을 하고, 어찌 촌스러운 말씀을 하시오. 지금 그대들이 현명하다고 여기는 자는 누구이고, 고상하다고 여기는 자는 누구입니까? 지금 어찌하여 이 장자長者에게 비루하고 더럽다고 하십니까?"
송충과 가의가 말했다.
"관직이 높고 녹봉이 많으면 세상이 높게 여기는 바이고, 현명한 인재가 거기에 있습니다. 지금 처한 바가 그 자리가 아니기 때문에 누추하다고 한 것입니다. 언어는 신용이 없으며 행동은 징험되지 않고 취하는 것은 부당합니다. 그러므로 더럽다고 이른 것입니다. 대저 점을 친다는 것은 세속에서 천하게 여기고 간단하다고 하는 것입니다. 세상에서 모두 말하기를 '대저 점술가들은 과장되고 엄한 것으로 말을 많이 해 남들의 정을 얻고,① 헛되이 고귀한 사람으로 하늘의 녹을 받을 것이라고 남의 마음을 설득하고, 멋대로 재앙을 말해서 사람의 마음을 상하게 하고, 거짓으로 귀신을 말해서 남의 재물을 다 쓰며 후한 것을 요구하고 사례를 하게 해서 자신의 사심을 채운다.'라고 했습니다. 이것이 우리가 부끄럽게 여기는 것입니다. 그러므로 비천하고 더러운 것이라고 이르는 것입니다."

司馬季主捧腹大笑曰 觀大夫類有道術者 今何言之陋也 何辭之野也 今夫子所賢者何也 所高者誰也 今何以卑汙長者 二君曰 尊官厚祿 世之所高也 賢才處之 今所處非其地 故謂之卑 言不信 行不驗 取不當 故謂之汙 夫卜筮者 世俗之所賤簡也 世皆言曰 夫卜者多言誇嚴以得人情① 虛高人祿命以說人志 擅言禍災以傷人心 矯言鬼神以盡人財 厚求拜謝以私於己 此吾之所恥 故謂之卑汙也

① 卜者多言誇嚴以得人情복자다언과엄이득인정

색은 점을 치는 자는 스스로 자랑하는데 규모가 크고 엄숙하며, 재앙을 설명하여 남을 속이는 것을 이르는 것이다.

謂卜者自矜誇而莊嚴 說禍以誑人也

사마계주가 말했다.
"공들은 편안하게 앉으시오. 공들은 저 머리를 풀어 헤친 동자들을 보았습니까? 해와 달이 그들을 밝게 비추면 행동하고 비추지 않으면 그만합니다. 그들에게 해와 달의 잘되고 잘못된 것이나 길하고 흉한 것을 물으면 능히 이치를 설명하지 못합니다. 이로 말미암아 관찰한다면 현명하고 현명하지 못한 자를 알아 분별할 수 있는 자는 드뭅니다.
현명한 자의 행동이란 올곧은 도로써 바르게 간하되 세 번을 간해서 듣지 않으면 떠나가는 것입니다. 남을 칭찬할 때는 그의 보답을 바라지 않고 남을 미워해도 그의 원망을 돌아보지 않고, 국가를 편리하게 하고 백성을 이롭게 하는 것으로 임무를 삼는 것입니다. 그러므로 관직은 그의 직무가 아니면 자리하지 않고, 녹봉은 그의 공로가 아니면 받지 않는 것입니다. 남의 부정한 것을 보면 비록 귀인이라도 공경하지 않습니다. 남의 더러운 것을 보면 비록 높은 위치에 있더라도 아래에 자리하지 않습니다. 지위를 얻어도 기뻐하지 않고 지위를 떠나도 한스러워하지 않습니다. 그의 죄가 아니라면 비록 누차 욕됨을 당하더라도 부끄럽게 여기지 않습니다.
司馬季主曰 公且安坐 公見夫被髮童子乎 日月照之則行 不照則止 問之日月疵瑕吉凶 則不能理 由是觀之 能知別賢與不肖者寡矣 賢之行也 直道以正諫 三諫不聽則退 其譽人也不望其報 惡人也不顧其怨 以便國家利衆爲務 故官非其任不處也 祿非其功不受也 見人不正 雖貴不敬也 見人有污 雖尊不下也 得不爲喜 去不爲恨 非其罪也 雖累辱而不愧也

지금의 그대들이 현자라고 이르는 자들은 모두 부끄럽게 여기는 자들입니다. 자신을 낮추어 저자세①로 앞에 서게 하고 지나치게 겸손하게② 말을 합니다. 세력으로써 서로를 이끌고 이익으로써 서로를 인도합니다. 객려客旅와 장관長官이 파당派黨을 지어③ 높은 명예를 구하고 공적인 봉록을 받습니다. 사사로운 이익을 일삼고 군주의 법을 왜곡해서 농민들을 해칩니다. 관직으로써 위엄을 세우고 법을 틀로 삼아서 이익을 구하고 포악하게 굽니다. 비유하면 번득이는 칼을 가지고 남을 겁박하는 것과 다름이 없습니다. 처음으로 관직 시험을 치르고 들어가서는 두 배로 힘을 써 교묘하게 속여서 헛된 공을 꾸미며, 쓸데없는 문서를 가지고 임금을 속이면서 위에 자리로 높이려 합니다. 관직 시험을 치르고 들어가서는 어진 이가 베푸는 공을 사양하지 않고, 거짓을 나타내 더욱 진실한 양하며 없는 것을 있는 것으로, 적은 것을 많은 것으로 만들어 이로운 세력을 찾아서 지위를 높입니다. 음식을 먹는데 말 달리듯 하며, 미녀와 노래하는 아이들을 좇으면서도 어버이를 돌아보지 않고, 법을 범하고 백성을 해쳐서 나라를 공허하게 합니다. 이것은 대저 도둑질하고도 창과 칼을 들지 않았다고 하고 공격을 하고도 활과 칼을 사용하지 않았다고 할 자입니다. 부모를 속이고도 죄가 없다고 하고 군주를 시해하고서도 침벌하지 않았다고 할 자입니다. 무엇으로써 고상하고 현명한 재주를 지녔다고 여기십니까?

今公所謂賢者 皆可爲羞矣 卑疵①而前 孅趨②而言 相引以勢 相導以利 比周賓正③ 以求尊譽 以受公奉 事私利 枉主法 獵農民 以官爲威 以法

爲機 求利逆暴 譬無異於操白刃劫人者也 初試官時 倍力爲巧詐 飾虛功執空文以調主上 用居上爲右 試官不讓賢陳功 見僞增實 以無爲有以少爲多 以求便勢尊位 食飲驅馳 從姬歌兒 不顧於親 犯法害民 虛公家 此夫爲盜不操矛弧者也 攻而不用弦刃者也 欺父母未有罪而弒君未伐者也 何以爲高賢才乎

① 疵자

색은 疵의 발음은 '자貲'이다.

疵音貲

② 孅趨섬추

색은 孅의 발음은 '섬纖'이다. 섬추孅趨는 족공足恭(지나치게 공손한 것)과 같다.

孅音纖 纖趍猶足恭也

③ 比周賓正비주빈정

집해 서광이 말했다. "객려客旅를 빈賓이라고 이르고 사람[빈賓]이 찾는 장관長官을 정正이라고 이른다."

徐廣曰 客旅謂之賓 人求長官謂之正

신주 비주比周는 붕당을 만들어 사사로운 이익利益을 구하는 것이다. 빈정賓正은 객려客旅가 빈賓이 되고 관직의 장이 정正이 된다.

도적들이 일어나도 막아낼 수 없고 오랑캐들이 불복해도 진정시킬 수 없습니다. 간사한 것과 사특한 것이 일어나도 막을 수 없고 관리들이 혼란스러워도 개선할 수 없습니다. 사계절이 조화롭지 못해도 조절할 수 없고 그해의 곡식이 익지 않아도 조절할① 수 없습니다. 재능이 현명한데도 하지 않는 것을 불충不忠이라고 하고, 재능이 현명하지 못한데도 관직의 자리에 의지해서 윗사람을 받들어야만② 이로울 것이라고 여기고 어진 이가 자리하는 것을 방해하니, 이것은 지위를 도둑질한 것입니다. 후원하는 자가 있으면 나아가게 하고 재물을 소유한 자를 예우하니, 이것은 위선僞善의 행위입니다. 공들은 유독 올빼미가 봉황과 함께 날갯짓 하는 것을 보지 못했습니까? 난초와 지초와 궁궁이의 풀 따위의 향초는 넓은 들판에 버려지고 쑥대가 숲을 이루고 있는 격입니다. 이에 군자들을 물러가게 해서 그 무리를 드러내지 못하게 막는다면 공들이 이들입니다.

盜賊發不能禁 夷貊不服不能攝 姦邪起不能塞 官秏亂不能治 四時不和不能調 歲穀不孰不能適① 才賢不爲 是不忠也 才不賢而託官位 利上奉② 妨賢者處 是竊位也 有人者進 有財者禮 是僞也 子獨不見鴟梟之與鳳皇翔乎 蘭芷芎藭棄於廣野 蒿蕭成林 使君子退而不顯衆 公等是也

① 適적

색은 適의 발음은 '석釋'이다. 적適은 조調와 같다.

音釋 適猶調也

② 奉봉

색은 奉의 발음은 '봉[扶用反]'이다.

奉音扶用反

옛것을 전술만 하고 창작하지 않는 것①은 군자의 의義입니다. 지금 점치는 자들은 반드시 하늘과 땅을 본받고 사계절을 상징으로 해서 인의에 순응하고, 점대를 나누어 괘를 정해고 점판을 돌려 괘의 돌을 바르게 한② 연후에 하늘과 땅의 이로운 것과 해로운 것, 사업의 성공과 실패를 말합니다. 옛날에 선왕이 국가를 안정시킬 때는 반드시 먼저 귀책龜策으로 해와 달을 점친 뒤에 이에 감히 대신하고, 때의 날짜를 바르게 한 뒤에 집안에 들어갔습니다. 자식을 낳게 되면 반드시 먼저 길한 것과 흉한 것을 점친 뒤에 이에 (자식으로) 두었습니다.③ 복희씨伏羲氏로부터 8괘八卦를 만들고 주周나라 문왕이 384효爻를 펼치니④ 천하가 다스려졌습니다.
월왕越王 구천句踐이 문왕의 8괘에 물어서⑤ 적국을 깨부수었으며 천하의 패자霸者가 되었습니다. 이로 말미암아 말한다면 점을 치는 것이 어찌 저버림이 있겠습니까?"

述而不作① 君子義也 今夫卜者 必法天地 象四時 順於仁義 分策定卦 旋式正棊② 然後言天地之利害 事之成敗 昔先王之定國家 必先龜策日月 而後乃敢代 正時日 乃後入家 産子必先占吉凶 後乃有之③ 自伏羲作八卦 周文王演三百八十四爻④而天下治 越王句踐放⑤文王八卦以破敵國 霸天下 由是言之 卜筮有何負哉

① 述而不作술이부작

신주 《논어》〈술이〉 편 첫 장에 나오는 말이다. "전술傳述하기만 하고 창작하지 않으며, 옛 것을 믿고 좋아한다[述而不作 信而好古]"라고 했다. 즉 자신이 주장하고 저술한 것은 옛 성인의 말씀을 그대로 따르고 있음을 밝힌 것이다.

② 旋式正棊선식정기

집해 서광이 말했다. "式의 발음은 '식栻'이다."

徐廣曰 式音栻

색은 살펴보니 식式은 곧 식栻(점판)이다. 선旋은 전轉이다. 점판의 형상은 위는 둥글게 해 하늘을 본뜨고 아래는 모나게 해 땅을 본떴다. 사용하면 천망天網을 굴려서 땅의 때에 더한다. 그러므로 '선식旋式'이라고 일렀다. 기棊는 점의 상황이다. 정기正棊는 대개는 점에서 괘卦를 만드는 것을 이른 것이다.

按 式卽栻也 旋 轉也 栻之形上圓象天 下方法地 用之則轉天綱加地之辰 故云旋式 棊者 筮之狀 正棊 蓋謂卜以作卦也

③ 後乃有之후내유지

색은 만약 점을 쳐서 상서롭지 못하다면 점판을 거두지 않는 것을 이른다. 점을 쳐 길하면 뒤에 둔다. 그러므로 "유지有之"라고 한다.

謂若卜之不祥 則式不收也 卜吉而後有 故云有之

④ 自伏羲作八卦～演三百八十四爻자복희작팔괘～삼백팔십사효

신주 384효란 8괘卦에 8괘를 쌍으로 배치하여 64괘를 만들고, 64괘(건

乾, 곤坤 … 기제既濟, 미제未濟)는 괘마다 6효(초효, 이효, 삼효, 사효, 오효, 상효)로 나눔으로써 384효가 된다.

⑤ 放방

색은 放의 발음은 '방[方往反]'이다.

放音方往反

"또 대저 점을 치는 자는 청소를 하고 자리를 깔고 그의 관과 띠를 바르게 한 연후에 일(길흉)을 말하는데 이것은 예가 있게 하는 것입니다. (길흉을) 말하면 귀신이 흠향하기도 하는데, 충신은 그의 군주를 섬기며 효자는 그의 부모를 봉양하고, 인자한 아버지는 그의 아들을 잘 양육하니, 이것은 덕이 있는 것입니다. 의義로써 수십 전이나 수백 전을 (복채로) 내면, 병자 중에 혹은 병이 낫기도 하고, 또 죽어가던 자 중에 혹은 살아나기도 하고, 환자 중에 혹은 치유되기도 하며, 사업에 있어 혹은 성취하기도 하고, 딸을 시집보내고 며느리를 취함에 혹은 오래 잘 살도록 해줍니다. 이것을 덕업으로 삼는데 어찌 값어치가 수십 전이나 수백 전만 하겠습니까. 이것을 노자는 이른바 '상덕上德은 덕이 있다고 여겨지지 않는다. 이 때문에 덕이 있다.①'라고 한 것입니다. 지금의 점을 치는 자들은 이익은 크게 해주고 사례는 적게 받는데 노자老子가 이르는 것이 어찌 이와 다르겠습니까?

且夫卜筮者 埽除設坐 正其冠帶 然後乃言事 此有禮也 言而鬼神或以

饗 忠臣以事其上 孝子以養其親 慈父以畜其子 此有德者也 而以義置數十百錢 病者或以愈 且死或以生 患或以免 事或以成 嫁子娶婦或以養生 此之爲德 豈直數十百錢哉 此夫老子所謂 上德不德 是以有德① 今夫卜筮者利大而謝少 老子之云豈異於是乎

① 老子所謂노자소위

신주 《노자도덕경》 38장에 있는 문장이다. 여기에서 "상덕上德은 덕이 있다고 여겨지지 않는다."라고 했다. 왜 그런지에 대하여 다음과 같이 말한다. "상덕은 계곡처럼 낮다.[上德如谷]" 즉 좋은 덕일수록 덕이 있다고 느껴지지 않는다고 말하는 것임을 알 수 있다.

장자莊子가 말하기를 '군자君子는 안으로는 굶주리고 추위에 떠는 근심이 없고, 밖으로는 겁탈당할 근심이 없다. 위에 있어서는 공경하고, 아래에 있어서는 해가 되지 않는 것이 군자의 도道이다.'라고 했습니다. 지금 점을 치는 자들이 하는 일은 그것을 쌓아도 산처럼 모일 일이 없고, 저장해도 창고를 쓰지 않으며 옮겨 다녀도 짐수레를 쓰지 않습니다. 등짐을 져도 무겁지 않고 머물러서 그것을 써도 다하는 때가 없습니다. 다함이 없는 물건을 가지고 무궁한 세상에서 노니는데, 비록 (자유로운) 장자의 행실이라 하더라도 이보다 더할 수는 없을 것입니다. 공들은 무슨 까닭으로 점을 치는 것을 옳지 않다고 이르는 것입니까? 하늘은 서북쪽이

부족하다고 여겨서 별들을 서북쪽으로 옮겼습니다. 땅은 동남쪽이 부족하다고 여겨서 바다를 연못으로 삼았습니다. 태양은 한낮이 되면 반드시 옮겨가고 달은 가득 차면 반드시 이지러집니다. 선왕의 도란 잠깐 존재했다가 잠깐 멸망하는 것입니다. 공들이 점치는 자에게 말은 반드시 믿음이 있어야 할 것이라고 꾸짖는데, 또한 미혹된 것이 아니겠습니까!

莊子曰 君子內無飢寒之患 外無劫奪之憂 居上而敬 居下不爲害 君子之道也 今夫卜筮者之爲業也 積之無委聚 藏之不用府庫 徙之不用輜車 負裝之不重 止而用之無盡索之時 持不盡索之物 游於無窮之世 雖莊氏之行未能增於是也 子何故而云不可卜哉 天不足西北 星辰西北移 地不足東南 以海爲池 日中必移 月滿必虧 先王之道 乍存乍亡 公責卜者言必信 不亦惑乎

그대들은 저 이야기를 잘하는 선비나 말을 잘하는 사람들을 보았습니까? 사업을 헤아리고 계획을 정하는 것은 반드시 이 사람들입니다. 그러나 그들은 한마디의 말로써 군주의 뜻을 기쁘게 하지는 못합니다. 그러므로 말할 때는 반드시 선왕을 일컫고 말할 때는 반드시 옛날의 도를 말합니다. 사업을 헤아리고 계획을 정할 때는 선왕의 성공을 꾸미고 그 실패와 해로움을 말할 때는 군주의 마음을 두렵게도 하고 기쁘게도 하여 그들이 하고자 하는 바를 요구합니다.

말을 많이 하고 지나치게[①] 과시하는 데는 이들보다 심한 것이 없습니다. 그러나 국가를 강하게 하고 공로를 성취하여 군주에게 충성을 다하고자 한다면 이들이 아니면 세우지 못합니다. 지금 점을 치는 자들은 미혹된 이들을 인도하고 어리석은 이들을 가르치는 것입니다. 대저 미혹되고 어리석은 사람들이 어찌 능히 한마디로써 알아듣겠습니까. 그래서 말을 많이 하는 것을 싫어하지 않는 것입니다.

이 때문에 천리마는 피로한 당나귀와 사마駟馬가 되는 것을 함께하지 못하고, 봉황은 제비나 참새와 무리를 함께하지 않고, 어진 이는 또한 불초한 자와 나열되지 않는 것입니다. 그러므로 군자는 비천한 곳에 은거하여 백성을 피하고 스스로 숨어서 무리를 피합니다. 그리고 몰래 덕에 따르는 것을 보여서 모든 해로운 것을 제거하고 하늘의 성性을 밝혀서 위를 돕고 아래를 기르는 것입니다. 이에 그의 공로와 이로운 것을 많게 하면서도 높은 명성을 요구하지 않는 것입니다. 공들은 부화뇌동하는② 자들인데, 어찌 장자長者의 도道를 알겠습니까!"

公見夫談士辯人乎 慮事定計 必是人也 然不能以一言說人主意 故言必稱先王 語必道上古 慮事定計 飾先王之成功 語其敗害 以恐喜人主之志 以求其欲 多言誇嚴① 莫大於此矣 然欲彊國成功 盡忠於上 非此不立 今夫卜者 導惑教愚也 夫愚惑之人 豈能以一言而知之哉 言不厭多 故騏驥不能與罷驢爲駟 而鳳皇不與燕雀爲群 而賢者亦不與不肖者同列 故君子處卑隱以辟衆 自匿以辟倫 微見德順以除群害 以明天性 助上養下 多其功利 不求尊譽 公之等喁喁②者也 何知長者之道乎

① 嚴엄

집해 서광이 말했다. "다른 판본에는 '험險'으로 되어 있다."

徐廣曰 一作險

② 喁喁우우

신주 부화뇌동하는 모습이다.

송충宋忠과 가의賈誼가 홀연히 망[1]연자실茫然自失하여 얼굴빛을 잃고서 창연悵然히 입을 닫고[2] 능히 말을 하지 못했다. 이미 옷깃을 여미고 일어나 재배를 올리고 하직 인사를 했다. 떠나가는데 넓은 곳을 헤매듯이 문을 나와서도 겨우 스스로 수레에 올라 엎드려 식軾을 하고 머리를 숙이고 끝내 기운을 차릴 수가 없었다.
3일쯤 되어서 송충은 가의를 궁궐문 밖에서 만났다. 이에 서로 끌어당겨 귓속말로 서로 일러 자탄自歎하여 말했다.
"도道가 높으면 더욱 편안하고 세력이 높으면 더욱 위태롭다. 성대한 세력과 있으면 자신을 장차 잃어버리는 날이 있으리라. 대저 점치는 사람은 자세히 밝히지 않아도 점치는데 (복채로) 바친 쌀[3]을 빼앗기지는 않지만, 군주를 위해 계획을 했는데 자세히 밝히지 못하면 자신은 처할 곳이 없게 된다.[4] 이 둘의 거리가 멀어서 마치 하늘과 땅, 갓과 신발의 차이이나, 이것은 노자의 이른바 '무명無名은 만물의 시작이다.'라고 한 것과 같다.[5]
하늘과 땅은 넓고 크며 사물은 많이 왕래하는데 혹은 편안하기도 하고 혹은 위태하기도 해 거처할 곳을 알지 못하겠다. 나와 그대는 어찌 족히 미리 위와 같이 하겠는가! 나와 그대가 어찌 그 사람처럼 세상을 살 수 있겠는가. 그는 세월이 지날수록 더욱 편안해질 테니, 비록 증씨曾氏[6]의 뜻도 이와 다를 것이 없을 것이다.

조금 지나서 송충은 흉노에 사신으로 가게 되었는데 흉노에 이르지 못하고 돌아와 죄에 저촉되었다. 가의는 양회왕梁懷王의 스승이 되었는데 왕이 말에서 떨어져 죽자 가의는 음식을 먹지 않고 괴로워하고 원망하다 죽었다. 이것은 영화를 얻으려고 힘쓰다가 뿌리가 단절된 것이다.[7]

宋忠賈誼忽而自失 芒[1]乎無色 悵然噤[2]口不能言 於是攝衣而起 再拜而辭 行洋洋也 出門僅能自上車 伏軾低頭 卒不能出氣 居三日 宋忠見賈誼於殿門外 乃相引屏語相謂自歎曰 道高益安 勢高益危 居赫赫之勢 失身且有日矣 夫卜而有不審 不見奪糈[3] 爲人主計而不審 身無所處[4] 此相去遠矣 猶天冠地屨也 此老子之所謂無名者萬物之始也[5] 天地曠曠 物之熙熙 或安或危 莫知居之 我與若 何足預彼哉 彼久而愈安 雖曾氏[6]之義未有以異也 久之 宋忠使匈奴 不至而還 抵罪 而賈誼爲梁懷王傅 王墮馬薨 誼不食 毒恨而死 此務華絕根者也[7]

① 芒망

색은 芒의 발음은 '망[莫郎反]'이다.

芒音莫郎反

② 悵然噤창연금

색은 悵의 발음은 '창暢'이다. 噤의 발음은 '금禁'이다. 유씨는 噤의 발음은 '금[其錦反]'이라고 했다.
悵音暢 噤音禁 劉氏音其錦反

신주 창연悵然은 뜻과 같이 되지 않아 원망하는 것이다. 금噤은 입을 다물다.

③ 糈서

집해 서광이 말했다. "糈의 발음은 '소所'이다." 살펴보니 《이소경》에는 "회초서이요지懷椒糈而要之"라고 했다. 왕일은 "서糈는 정미精米이며 신에게 흠향하는 것이다."라고 했다.
徐廣曰 音所 駰案 離騷經曰 懷椒糈而要之 王逸云糈 精米 所以享神

색은 糈의 발음은 '소所'이고, 서糈는 점에서 신에게 구하는 쌀이다.
糈音所 糈者 卜求神之米也

④ 身無所處신무소처

색은 점을 쳐서 맞지 않아도 그의 서미糈米를 빼앗기는 것을 당하지 않는다. 만약에 인주人主를 위해 계획을 했는데 자세히 알지 못하면 자신이 처할 곳은 없는 것이다.
言卜之不中 乃不見奪其糈米 若爲人主計不審 則身無所處也

⑤ 無名者萬物之始무명자만물지시

신주 《노자도덕경》 1장에 보면 "무명은 천지의 시작이고 유명은 만물의 어머니이다…이 두 가지는 같은 곳에서 나왔으나 이름이 다르다. 같은 곳에서 나온 것이니 이를 현묘하다고 한다. 현묘하고 현묘하구나, 우주 만물의 이치와 현상이 나오는 문門이다.[無名天地之始 有名萬物之母…此兩者 同出而異名 同謂之玄 玄之又玄 衆妙之門]"라고 했다. 따라서 다르지만, 근원은 같음을 이르는 말이다.

⑥ 曾증

집해 서광이 말했다. "증曾은 다른 판본에는 '장莊'으로 되어 있다."

徐廣曰 曾 一作莊

⑦ 務華絶根者也무화절근자야

색은 송충과 가의가 모두 영화로운 것에 힘쓰다가 그 자신을 잃은 것을 말한 것으로 이것이 그의 근본을 절단한 것이라고 했다.

言宋忠賈誼皆務華而喪其身 是絶其根本也

태사공은 말한다.

옛날에는 복인卜人(점치는 사람)을 기재하지 않아서 편篇에서도 많이 보이지 않는다. 사마계주司馬季主의 경우에 이르러서는 뚜렷한 것이 있어서 나는 기록해서 나타낸다.

太史公曰 古者卜人所以不載者 多不見于篇 及至司馬季主 余志而著之

제二장

저소손의 보충 이야기

저소손褚少孫이 말했다.

"신臣이 낭郎이 되었을 때 장안長安 안을 유람하다가 당시 점을 치는 것을 업으로 하는 현명한 대부를 만나보았다. 그의 기거하고 돌아다니는 것과 행동거지①를 보니, 반드시 그의 의관을 바르게 하여 고을 사람들을 대할 때 군자의 풍도가 있었다.

사람들의 성품을 보고 풀기를 좋아해서② 부인들이 와서 점을 치면, 대면할 때 안색을 엄숙하게 하고 위엄을 떨치며 일찍이 이를 드러내고 웃은 적이 없었다.

옛날 이래로부터 어진 이가 세상을 피해서 머물러 살며 연못가에서 춤을 추는 자가 있었고, 민간에 살면서 입을 닫고 말하지 않는 자도 있었으며, 점을 치는 사이에서 숨어 살면서 자신을 온전하게 하는 자도 있었다.

대저 사마계주라는 사람은 초나라 어진 대부였다. 장안에서 유학하며 《역경》을 통달했고, 황제黃帝와 노자의 학설을 말하였는데, 박식하고 선견지명이 있었다. 그가 두 대부인 귀인에 대해 담론한 말을 살펴보면 옛날 현명한 군주와 성인의 도를 인용해서 일컬은 것이 실로 얕은 견문과 작은 술수를 가지고 할 수 있는 것이 아니었다.

褚先生曰 臣爲郎時 游觀長安中 見卜筮之賢大夫 觀其起居行步 坐起自動[①] 誓正其衣冠而當鄉人也 有君子之風 見性好解[②] 婦來卜 對之顏色嚴振 未嘗見齒而笑也 從古以來 賢者避世 有居止舞澤者 有居民間閉口不言 有隱居卜筮間以全身者 夫司馬季主者 楚賢大夫 游學長安通易經 術黃帝老子 博聞遠見 觀其對二大夫貴人之談言 稱引古明王聖人道 固非淺聞小數之能

① 坐起自動좌기자동

신주 행동거지를 가리킨다.

② 見性胡解견성호해

신주 사람의 천성을 보고 풀어 말하기를 좋아하다.

점을 쳐 명성을 1,000리에 떨친 자들은 이따금씩 있었다. 전傳에 이르기를 '부유한 것이 첫째이고 귀한 것이 다음이다. 이미 귀해지고 각각 한 가지의 기예를 배워 그 자신을 세울 수 있었다.'라고 했다. 황직黃直은 대부大夫이고 진군부陳君夫는 부인이었다. 이들은 말의 상相을 살펴서 천하에 명성을 세웠다. 제장중齊張仲과 곡성후曲成侯는 사람을 잘 찔러 죽이는 검술을 배워서 천하에 이름을 세웠다. 유장유留長孺는 돼지를 잘 감별해서 이름을 세웠다. 형양滎陽의 저씨褚氏는 소를 잘 감별하는 것으로 이름을 세웠다.

능히 기예의 능한 것으로 명성을 세운 자가 많았는데 모두 세상에서 뛰어나고 남보다 뛰어난 풍도가 있는 것을 어찌 가히 이루다 말할 수 있겠는가. 그러므로 이르기를 '그 땅이 아니면 나무를 심어도 자라지 않고 그의 뜻이 아니라면 가르쳐도 성취하지 못한다.'라고 했다.

대저 집안에서 자손을 가르침에는 마땅히 그들이 좋아하는 것을 살펴야 한다. 만약 생활 방식를 포함해서 좋아하는 것이 있다면 일에 따라 그들을 양성해야 한다. 그러므로 이르기를 '집안에서 제재하고 자식에게 명하는 것에서 족히 그 선비를 관찰할 수 있는데, 아들이 거처할 곳이 있다면 가히 현인이라고 이를 것이다.'라고 했다.

及卜筮立名聲千里者 各往往而在 傳曰 富爲上 貴次之 旣貴各各學一伎能立其身 黃直 大夫也 陳君夫 婦人也 以相馬立名天下 齊張仲曲成侯以善擊刺學用劍 立名天下 留長孺以相彘立名 滎陽褚氏以相牛立名 能以伎能立名者甚多 皆有高世絶人之風 何可勝言 故曰 非其地 樹之不生 非其意 教之不成 夫家之教子孫 當視其所以好 好含苟生活之道 因而成之 故曰 制宅命子 足以觀士 子有處所 可謂賢人

신이 낭郎이 되었을 때 태복太卜[①]이 되려고 조명詔命을 기다리는 낭郎과 관서에서 함께 한 때가 있었는데 다음과 같이 말하였다.

"효무제 때 점술가들을 모아 놓고 묻기를 '아무 날에 며느리를 맞아들이는 것이 괜찮겠는가?'라고 하니, 오행가五行家[②]는 좋은 날이라고 하고, 감여가堪輿家[③]는 불가하다고 했다. 건제가建除家[④]는 불길하다고 하고, 총신가叢辰家[⑤]는 크게 흉하다고 했다. 역가曆家[⑥]는 조금 흉하다고 하고, 천인가天人家[⑦]는 조금 길하다고 했으며, 태일가太一家[⑧]는 크게 길하다고 했다. 각각 자기들의 주장을 내세워 결정하지 못하고 상황을 주상에게 알렸다. 그러자 조서에서 말했다.

'모든 죽음이나 꺼리는 것을 피하는 것은 오행을 주主된 것으로 삼아라.' 이에 사람들은 오행에서 취하게 되었다."

臣爲郎時 與太卜[①]待詔爲郎者同署 言曰 孝武帝時 聚會占家問之 某日可取婦乎 五行家[②]曰可 堪輿家[③]曰不可 建除家[④]曰不吉 叢辰家[⑤]曰大凶 曆家[⑥]曰小凶 天人家[⑦]曰小吉 太一家[⑧]曰大吉 辯訟不決 以狀聞 制曰 避諸死忌 以五行爲主 人取於五行者也

① 太卜태복

신주 점을 관장하는 관리이다.

② 五行家오행가

신주 금, 목, 수, 화, 토의 오행으로 길흉을 말하는 사람이다.

③ 堪輿家감여가

신주 풍수와 지리로 길흉을 점치는 사람이다.

④ 建除家건제가

신주 음양가이며 12진辰으로 점을 치는 사람이다. 건제建除는 12단을 의미한다.

⑤ 叢辰家총신가

신주 별의 위치, 빛, 상태, 움직임 등을 관찰하여 점치는 사람이다. 점성가占星家를 말한다.

⑥ 曆家역가

신주 역법曆法에 근거하여 점치는 사람이다.

⑦ 天人家천인가

신주 천天과 인人이 감응하는 것을 살펴 점을 치는 사람이다.

⑧ 太一家태일가

신주 도가道家의 별명이다. 천하 만물의 형상을 보고 점치는 사람이며, 태을가太乙家라고도 한다.

색은술찬 사마정이 펼쳐서 밝히다.

일자라고 부르는 유래가 있다. 길흉과 기후를 점치는 자가 《묵자》에서 기록되어 있다. 제나라와 초나라는 법이 다르고 글이 없거나 기록한 것이 드물었다. 후대 사람들이 이것을 이었지만 사마계주가 유독 뛰어나 포악한 진나라 분서焚書에서 면함을 얻었으니, 이것이 어찌 끝내 없어지겠는가!

日者之名 有自來矣 吉凶占候 著於墨子 齊楚異法 書亡罕紀 後人斯繼 季主獨美 取免暴秦 此焉終否

사기 제128권 史記卷一百二十八
귀책열전 龜策列傳

사기 제128권 귀책열전 제68

史記卷一百二十八 龜策列傳第六十八

색은 〈귀책전龜策傳〉은 기록만 있고 책은 없었다. 저선생褚先生이 보충한 것이다. 그 사실을 서술한 것이 번거롭고 거칠며 소략하고 대략적이어서 취할만한 것이 없다.

龜策傳有錄無書 褚先生所補 其敍事煩蕪陋略 無可取

집해 《사기》는 원제元帝와 성제成帝의 사이에 이르러 10편의 기록만 있고 책은 없었다. 저소손褚少孫이 경제기景帝紀와 무제기武帝紀, 장상연표將相年表, 예서禮書, 악서樂書, 율서律書, 삼왕세가三王世家, 괴성후蒯成侯, 일자日者, 귀책열전龜策列傳을 보충했다. 일자, 귀책은 언사言辭가 가장 비루하니 태사공의 본뜻은 아닐 것이다.

史記至元成間十篇有錄無書 而褚少孫補景武紀 將相年表 禮書樂書律書 三王世家 蒯成侯日者龜策列傳 日者龜策言辭最鄙陋 非太史公之本意也

신주 〈일자열전〉에 이어 〈귀책열전〉도 점에 관한 내용을 다룬 열전이다. 귀책龜策이란 《예기禮記》 〈곡례상曲禮上〉에 "거북점은 복卜이 되고 시초점은 서筮가 된다."라고 했는데 복서卜筮는 거북이의 등껍질을 구어 균열龜裂된 상태를 보고 길흉을 살피는 것이고, 시초蓍草로 점대를 만들고 괘를 지어 길흉을 점치는 것을 말한 것이다. 이편은 사마천이 복서卜筮를 하는 이유, 하夏, 은殷, 주周의 시대부터 무제 때까지 복서의 변천사 및 점을 친 간략한 사례, 각 지역의 점치는 풍속 등을 대략으로 기록해 놓았다. 저소손은 여기에서 "하夏, 은殷, 주周의 3대에는 거북점을 치는 방법이 동일하지 않았고 사방의 오랑캐들도 각각 점치는 방법이 달랐지만, 각각 길하고 흉한 것을 판단하였다. 이에 대략 그 요체를 살펴보고, 〈귀책열전龜策列傳〉을 지었다."라는 내용을 보고 이 전傳을 다방면으로 찾아보았으나 구할 수 없었다. 이에 귀책龜策의 일에 익숙한 장고掌故와 문학文學의 장로에게 묻고 그에 관한 일을 취해서 사마천의 글에 이어 방편方便을 엮어 덧붙여 놓았다.

그러나 저소손의 이 말에 대해 《색은索隱》에서 "그 사실을 서술한 것이 번거롭고 거칠며 소략하거나 대략적이어서 취할만한 것이 없다."라고 비판했고, 《정의正義》에서 "언사言辭가 모조리 비루하니 태사공의 본뜻은 아닐 것이다."라고 하고 있다. 이러한 혹평酷評은 원래 사마천이 쓴 것을 저소손이 임의로 서술했고, 또 사족蛇足으로 여겨지는 문장이 여러 군데 보이고, 신귀神龜와 시초蓍草에 대해 말하면서도 두서頭緖가 없으며, 송나라 원왕元王이 거북을 얻은 이야기도 인상적이지 않기 때문인 듯하다. 특히 일의 상황에 따라 거북점을 쳐 길흉을 판단하는 방법을 적고 있는데, 해석이 중복되거나 어그러져 뜻을 이해할 수 없는 부분이 있어서 사마천의 뜻을 제대로 반영하지 못했다고 여긴 결과일 것이다.

제一장

길흉의 징조를 점치다

태사공은 말한다.

옛날부터 성왕聖王이 장차 나라를 건설하고 하늘의 명을 받아 왕자의 사업을 일으키려 움직일 때는 어찌 일찍이 점을 쳐서 선정善政을 돕는 것을 보배로 여기지 않았겠는가! 그러나 당요唐堯와 우순虞舜 시대 이전은 참고할 만한 기록이 없다.

하夏, 은殷, 주周의 삼대三代가 일어나면서부터 각각 길한 징조에 의지했다. 우禹는 도산途山씨의 딸을 아내로 맞아들일 때 점을 쳐 길한 징조가 있었고, 이에 따라 우의 아들 계啓가 천자[하夏]의 대를 이었다.① 설契의 어머니 간적簡狄은 나는 제비의 알을 먹고 점을 쳐 길한 조짐을 얻은 까닭으로 은나라를 흥성시켰다.② 후직后稷은 온갖 농사의 일로 점을 쳐 길한 징조를 얻은 까닭으로 주나라가 왕을 하게 된 것이다.③ 왕자王者란 모든 의심스러운 일을 결정하는데 점을 쳐 참고하며 시초蓍草④와 귀갑龜甲으로 판단했는데, 이것은 변하지 않는 도이다.

만蠻이나 이夷나 저氐나 강羌의 오랑캐들도 비록 군주와 신하의 순서는 없었지만, 또한 의심되는 일을 결정할 때는 점을 쳤다.

점을 치는데 혹은 쇠와 돌로써 하고 혹은 풀⑤과 나무로써 했으니 나라마다 풍속이 같지는 않았다. 그러나 모두가 그것으로써 싸워 정벌하고 공격하며 군사들을 추진하여 승리를 구할 수 있었으니 각각 그들의 신령을 믿고 미래에 다가올 일들을 점친 것이다.

太史公曰 自古聖王將建國受命 興動事業 何嘗不寶卜筮以助善 唐虞以上 不可記已 自三代之興 各據禎祥 塗山之兆從而夏啓世① 飛燕之卜順故殷興② 百穀之筮吉故周王③ 王者決定諸疑 參以卜筮 斷以蓍④龜 不易之道也 蠻夷氐羌雖無君臣之序 亦有決疑之卜 或以金石 或以草⑤木 國不同俗 然皆可以戰伐攻擊 推兵求勝 各信其神 以知來事

① 塗山之兆從而夏啓世도산지조종이하계세

신주 우禹임금이 도산塗山씨의 딸을 아내로 맞아들여 계啓를 낳아 계가 하夏나라를 세습하게 된 것을 말한다.

② 飛燕之卜順故殷興비연지복순고은흥

신주 설契의 어머니는 간적簡狄으로, 제비알을 먹고 임신해서 설을 낳았다는 것을 뜻한다.

③ 百穀之筮吉故周王백곡지서길고주왕

신주 주周나라의 시조는 후직后稷인데, 오곡의 심는 법을 가르쳐 그것을 따랐으므로 주나라가 왕자王者가 되게 했다는 뜻이다.

④ 蓍草시초

신주 시초는 옛날에 점을 칠 때 사용하던 풀이다. 이 풀줄기로 산가지를 만들고 나누어 괘卦를 세웠는데, 세운 괘로써 점을 쳤다.

⑤ 草초

집해 서광이 말했다. "다른 판본에는 '혁革'으로 되어 있다."
徐廣曰 一作革

대략 들으니 하夏나라와 은殷나라는 점을 치고자 하는 자가 이에 시초나 거북을 취해서 점을 치고, 끝나면 그것을 모두 버렸다. 귀갑龜甲은 오래 보관해 두면 영험하지 않고 시초도 오래 두면 신령스럽지 않다고 여겼기 때문이다. 주나라의 왕실에 이르러 복관卜官(점치는 벼슬)이 있어서 언제나 시초와 귀갑龜甲을 보배로 여기면서 보관해 두었고, 또 그것들이 대소大小나 선후先後를 따져 각기 숭상하는 바가 있었지만 중요한 것은 그것의 귀결됨이 같았을 뿐이라는 것이다.①
어떤 이는 성왕聖王은 일을 만나는데 길흉을 따져서 정하지 않는 것이 없었고, 의심스러운 일을 결정하는데 점을 치지 않는 것이 없었다고 생각했다. 그것은 신령에게 헤아려 의문疑問을 구하는 방법을 베풀게 한 것인데, 후세에 세상이 쇠약해져서 어리석은 자는 지혜로운 자를 스승으로 삼지 않고, 사람마다 각각 스스로 편한 대로만 생각함에 교화됨이 나누어져 백가百家②가 되니, 도가 흩어져서 근간이 없게 되었다. 이 때문에 귀결을 추론하는 것이

지극히 은미하여 정미하고 신령스러운 것을 헤아리기를 요구한 것이다. 어떤 이는 '곤충(거북)의 신령스러운 바는 성인도 더불어 다툴 수 없다고 여겼다. 그것이 길하고 흉한 것에 처해서 그러한지 아닌지를 구별하는 데는 사람보다 많이 적중했기 때문이다.'라고 했다.

略聞夏殷欲卜者 乃取蓍龜 已則棄去之 以爲龜藏則不靈 蓍久則不神 至周室之卜官 常寶藏蓍龜 又其大小先後 各有所尙 要其歸等耳① 或以爲聖王遭事無不定 決疑無不見 其設稽神求問之道者 以爲後世衰微 愚不師智 人各自安 化分爲百室② 道散而無垠 故推歸之至微 要絜於精神也 或以爲昆蟲之所長 聖人不能與爭 其處吉凶 別然否 多中於人

① 要其歸等耳요기귀등이

신주 하, 은, 주 3대는 귀갑이나 시초로 복점卜占했는데, 점치는 방식 등 기술적인 면에서는 다른 면이 있었을지라도 나라의 대사를 위해 길흉을 따지는 목적은 같았다는 뜻이다.

② 百室백실

신주 제자백가諸子百家를 말한다. 도道를 구현함에 수단과 방법이 달라짐으로써 학파가 나누어지게 되는데, 춘추시대 말 유가와 도가에서 분파되기 시작해서 전국시대에는 백가쟁명百家爭鳴의 시대라고 말할 수 있을 정도로 이들의 활동이 활발했고, 나라를 다스리는데 근간이 되는 역할을 했다. 그중 대표적인 학파를 기술해 보면 유가儒家, 도가道家, 묵가墨家, 법가法家, 명가名家, 음양가陰陽家, 종횡가縱橫家, 병가兵家, 잡가雜家, 농가農家 등이 있다.

한漢나라의 고조高祖(유방) 때에 이르러서는 진秦나라 태복太卜의 관직을 따랐다. 천하가 처음으로 안정되었으나 전쟁이 종식되지는 않았다. 효혜제孝惠帝가 즉위하여 국가를 다스린 지 얼마 안 되어 여후呂后가 여인으로 군주가 되었으며 효문제孝文帝와 효경제孝景帝는 지난날의 관례에 따랐을 뿐, 점치는 것을 강론하거나 시험해볼 겨를이 없었다. 비록 아버지와 아들이 관직을 물려받아 대대로 서로 전했지만, 그 정미精微하고 심묘深妙함에 유실된 바가 많았다.

지금의 주상(무제)이 즉위해 예능藝能의 길을 넓게 열어서 모든 백가의 학문을 불러들였다. 하나의 기예를 통달한 선비라면 모두 각자의 능력을 발휘할 수 있고, 남보다 월등히 능력있는 자를 오른쪽에 두어 아첨하고 사사롭게 하는 바를 없앴다. 이에 수년 사이에 태복太卜들이 대대적으로 모여들었다.

때마침 무제는 흉노를 공격하여 서쪽으로는 대원大宛을 물리치고[①] 남쪽으로는 백월百越을 거두고자 했다. 점을 치는 자들은 길흉의 징조를 예견하고 먼저 그 이로운 것을 도모하게 했다. 또 맹장들은 선봉에서 절부節符를 가지고 적에게 승리함에 이르러 시초와 귀갑점은 그때마다 또한 이에 힘을 보태 주었다.

무제도 또한 뜻을 더하여 상을 하사하는 것이 수천만 금에 이르렀다. 구자명丘子明과 같은 복관은 부귀해지고 총애를 받아 조정에서도 그에게 힘이 쏠렸다.

또 점을 쳐 고도蠱道[②]를 맞추는 데까지 이르렀으며, 무고巫蠱의 사건 때 어떤 이는 번번이 적중했다.

(복관들은) 평소 사소한 원한이 있거나 불쾌한 것이 있으면 공적인 것을 따라 처벌을 자행하고 멋대로 헐뜯었으며 가족을 파멸시키고 친척을 멸망시킨 것이 다 헤아릴 수가 없었다.
모든 관료가 크게 두려워하고 모두가 '귀책龜策이 능히 말을 한다.'라고 했다. 뒤에 그들의 간악한 일들이 발각되어서 또한 삼족이 멸족 되었다.
대저 점대를 헤아려[3] 괘의 수를 정하고 귀갑을 불로 지져 징조를 관찰하였는데, 변화가 무궁하여 이 때문에 어진 이를 선택하여 점을 치게 한 것이니, 가히 성인聖人의 중대한 일이라고 이를 만하다.
至高祖時 因秦太卜官 天下始定 兵革未息 及孝惠享國日少 呂后女主 孝文孝景因襲掌故 未遑講試 雖父子疇官 世世相傳 其精微深妙 多所遺失 至今上卽位 博開藝能之路 悉延百端之學 通一伎之士咸得自效 絶倫超奇者爲右 無所阿私 數年之間 太卜大集 會上欲擊匈奴 西攘[1]大宛 南收百越 卜筮至預見表象 先圖其利 及猛將推鋒執節 獲勝於彼 而蓍龜時日亦有力於此 上尤加意 賞賜至或數千萬 如丘子明之屬 富溢貴寵 傾於朝廷 至以卜筮射蠱道[2] 巫蠱時或頗中 素有眦睚不快 因公行誅 恣意所傷 以破族滅門者 不可勝數 百僚蕩恐 皆曰龜策能言 後事覺姦窮 亦誅三族 夫摓[3]策定數 灼龜觀兆 變化無窮 是以擇賢而用占焉 可謂聖人重事者乎

① 攘양

집해 서광이 말했다. "양攘은 다른 판본에는 '양襄'으로 되어 있다. 양襄은 제除(제거하다)이다."

徐廣曰 攘 一作襄 襄 除也

② 蠱道고도

신주 상대방을 상징하는 이름, 인형 등에게 위해를 가하거나 저주의 말을 주문해서 상대방에게 주문한 것이 전이되게 하는 주술이다. 고술蠱術, 또는 방자方子라고도 한다.

③ 摓봉

집해 서광이 말했다. "摓의 발음은 '봉逢'이다. 다른 판본에는 '달達'로 되어 있다."

徐廣曰 摓音逢 一作達

색은 살펴보니 서광은 "摓의 발음은 '봉逢'이다."라고 했다. 봉摓은 두 손으로 시초를 나누어 잡고 손가락 사이에 끼우는 것을 이른 것이다. 그러므로 봉책摓策이라고 이른다.

按 徐廣摓音逢 摓謂兩手執蓍分而扐之 故云摓策

주공周公이 세 번이나 거북으로 점을 쳐 무왕의 병을 완쾌시켰다. 주紂가 포학하게 하자 큰 거북이 점에 징조가 나타내지 않았다. 진晉나라의 문공文公이 장차 주나라 양왕襄王의 지위를 안정시키고자 할 때 점을 쳐 황제黃帝가 판천阪泉에서 싸우는 징조①를 얻었는데 마침내 큰 공로를 세워 동궁彤弓(붉은 활)②을 하사받으라는 명을 받았다.

진晉나라의 헌공獻公이 여희驪姬의 여색을 탐하고 점을 쳤는데 참소의 재앙[3]이 있다는 징조가 있었으며 그의 재앙이 마침내 5대까지 흘렀다. 초나라의 영왕靈王이 장차 주나라의 왕실을 배반하고자 점을 쳤는데 불길하게 나왔다.[4] 마침내는 건계乾谿에서 무너짐을 당했다.

周公卜三龜 而武王有瘳 紂爲暴虐 而元龜不占 晉文將定襄王之位 卜得黃帝之兆[1] 卒受彤弓[2]之命 獻公貪驪姬之色 卜而兆有口象[3] 其禍竟流五世 楚靈將背周室 卜而龜逆[4] 終被乾谿之敗

① 黃帝之兆황제지조

집해 《좌전》에서 말한다. "황제黃帝가 판천阪泉에서 싸우는 징조를 만났다."

左傳曰遇黃帝戰于阪泉之兆

② 彤弓동궁

신주 붉은 활을 말하며 이 활은 천자가 공로자에게 내리는 활이다.

③ 口象구상

신주 입으로 참소하는 것을 뜻한다.

④ 卜而龜逆복이귀역

집해 《좌전》에서 말한다. "영왕靈王이 점을 쳤는데 이르기를 '여상득천하余尙得天下'(나는 오히려 천하를 얻을 것이다)라고 해서 불길했다. 이에 거북을 던지며 하늘을 꾸짖고 외치기를 '이것은 하찮은 것이라 나에게 주지 않아도 나는 반드시 스스로 취할 것이다.'라고 하였다."

左傳曰 靈王卜曰 余尙得天下 不吉 投龜詬天而呼曰 是區區者而不余畀 余必自取之

색은 詬의 발음은 '후[火候反]'이다.

詬音火候反

징조와 응험이 점괘 안에서 진실하고 공평하며 당시의 사람들이 밖에서 밝게 살펴보니, 점괘의 징조와 응험을 말함에 합당하지 않다고 할 수 있겠는가. 군자가 이르기를 "대저 점을 가볍게 여기고 신명이 없다고 이르는 자는 인도人道를 어그러뜨리고 배반하는 것이다.[1] 점의 길한 상서만을 믿는 자는 귀신이라 해도 그의 바른 것을 얻지 못할 것이다."라고 하였다. 그러므로 《서경》에 계의稽疑를 세워서 다섯 가지 계책[2]으로 점을 쳤다. 시초점과 거북점이 거기에 둘을 차지하는데, 다섯 가지를 점쳐서 그 많은 것을 따른다고 했으니, 분명한 것이 있으면 점괘만을 오로지 하지 않는다는 말이다.

나는 강남江南에 이르러 그들이 점치는 것을 살펴보고 그들의 장로長老들에게 질문했다. 그들이 말했다.

"거북은 1,000살이 되면 연잎[3] 위에서 놀고 시초는 100개의 줄기[4]가 뿌리 하나를 두고 있다. 그 시초가 자라는 곳에는 짐승으로는 호랑이와 이리가 없고 그 풀로는 독초가 없다.

강수江水 부근에 사는 사람들은 항상 거북을 길러서 잡아먹으면서, 도인술導引術로 기氣를 이르게 할 수 있어 쇠약한 것을 도와주고 늙은이를 봉양하는 데 보탬이 있다고 생각했다. 이를 어찌 믿지 않겠는가!"

兆應信誠於內 而時人明察見之於外 可不謂兩合者哉 君子謂夫輕卜筮無神明者 悖 背[①]人道 信禎祥者 鬼神不得其正 故書建稽疑 五謀[②]而卜筮居其二 五占從其多 明有而不專之道也 余至江南 觀其行事 問其長老 云龜千歲乃遊蓮[③]葉之上 蓍百莖[④]共一根 又其所生 獸無虎狼 草無毒螫 江傍家人常畜龜飲食之 以爲能導引致氣 有益於助衰養老 豈不信哉

① 悖 背패 배

색은 앞 글자 悖의 발음은 '배倍'이고, 뒷 글자 背의 발음은 '패佩'이다. 上音倍 下音佩

신주 위에 색은 글자의 발음을 바꿔 말했다. 悖의 발음은 '패[布內反]'이고 背의 발음은 '배[補妹反]'이다.

② 書建稽疑 五謀서건계의 오모

신주 서書는 《서경》이다. 계의稽疑는 홍범洪範편의 일곱 번째에 있다. 계의는 의혹을 풀어 준다는 뜻이고, 오모五謀는 자신의 생각, 신하들의 생각, 백성의 생각, 복卜과 서筮를 가지고 나랏일을 도모하는 것이다.

③ 蓮련

집해 서광이 말했다. “연蓮은 다른 판본에는 ‘영領’으로 되어 있다. 영領과 연蓮은 발음이 서로 비슷하여 어떤 이는 가차자假借字라고 했다.”
徐廣曰 蓮 一作領 領與蓮聲相近 或假借字也

④ 蓍百莖시백경

집해 서광이 말했다. “유향이 이르기를 거북은 1,000년을 살아야 신령스럽고, 시초는 100년이 되어야 한 뿌리에 100개의 줄기가 자란다고 했다.”
徐廣曰 劉向云龜千歲而靈 蓍百年而一本生百莖

제二장

석주방전의 이야기

저소손 선생이 말했다.
신臣은 경술經術에 통달하여 학업을 박사博士에게 받고 《춘추》를 익혀 높은 성적으로 낭郎이 되었다. 다행히도 숙위宿衛의 지위를 얻어 궁전을 출입한 지가 10여 년이나 되었고, 또 몰래 태사공太史公의 전傳을 좋아했다. 태사공의 전傳에 말하기를 "하夏, 은殷, 주周의 3대에는 동일하게 거북점을 치지 않았고, 사방의 오랑캐들도 각각 점치는 것이 달랐다. 그러나 각각 길하고 흉한 것을 판단하는 데 사용했던 것이다. 이에 대략 그 요체를 살펴보고, 그래서 〈귀책열전龜策列傳〉을 지었다."라고 했다. 신臣이 장안 안을 왕래하면서 〈귀책열전〉을 구했으나 얻지 못했다. 그러므로 태복관太卜官에게 가서 장고掌故와 문학文學의 장로 중 귀책龜策의 일에 익숙한 자에게 물어 귀책복사龜策卜事를 베끼게 하고 취해서 아래의 방편을 엮었다.
褚先生曰 臣以通經術 受業博士 治 春秋 以高第爲郎 幸得宿衛 出入宮殿中十有餘年 竊好太史公傳 太史公之傳 曰 三王不同龜 四夷各異卜 然各以決吉凶 略窺其要 故作龜策列傳 臣往來長安中 求龜策列傳不能得 故之大卜官 問掌故文學長老習事者 寫取龜策卜事 編于下方

듣자니 옛날 오제五帝와 삼왕三王이 모든 일을 일으켜 움직일 때는 반드시 먼저 시초와 거북의 점으로 결정했다고 한다. 전傳에 이르기를[①] '아래에 복령伏靈이 있으면 위에 토사兎絲가 있고, 위에 주시擣蓍[②]가 있으면 아래에 신귀神龜가 있다.'라고 했다.
이른바 복령이란 토사兎絲의 밑에 있는데 모양이 나는 새의 형상과 같다. 새로 비가 내리고 그친 다음 하늘이 맑고 고요하고 바람이 없으면, 밤에 토사를 베어 버리고 곧 촛불[③]로 그 땅 밑을 비추어 보다가 촛불이 꺼지면 곧 그곳을 표시한다. 그리고 길이 4장이나 되는 새로운 베로 둘러싸 두었다가 밝은 날에 곧 땅을 파고 취하는데, 네 자부터 파고 들어가 일곱 자에 이르면 복령을 얻지만 일곱 자를 넘으면 얻을 수 없다. 복령이란 1,000년 된 소나무 뿌리의 송진으로 그것을 먹으면 죽지 않는다.
듣자니 시초들이 자라서 100개의 줄기가 가득하게 되면 그 밑에는 반드시 신령스러운 거북이 지키고 있고 그 위에는 항상 푸른 구름이 덮고 있다고 한다. 전傳에 이르기를 '천하가 평화롭고 왕도王道가 얻어지면 시초의 줄기가 1장丈(여덟 자)이나 자라고 그 떨기의 줄기는 100경이나 된다."라고 했다. 바야흐로 지금의 세상에서 시초를 취하는 자들은 능히 옛날의 법도에 맞추지 못하고 100줄기에 1장丈(여덟 자)이 채워져서 자란 것을 얻을 수 없었다. 그래서 80줄기 이상이나 시초의 길이가 8자尺되는 것을 취하는데, (이것도) 곧 얻기 어렵다고 했다.
백성 중에 괘를 사용하는 것을 좋아하는 자는 꽉 찬 60개 이상 줄기와 길이가 꽉 찬 6자[尺]를 취하는데, 이것은 곧 사용할 수 있다고 한다.

기록에 이르기를 "능히 이름난 귀갑을 얻은 자에게는 재물이 돌아와 집안은 반드시 큰 부자가 되어서 1,000만 금에 이를 것이다."라고 했다. (이름이 있는 거북으로는) 첫째가 '북두귀北斗龜'이며, 둘째가 '남진귀南辰龜'이며, 셋째가 '오성귀五星龜'이며, 넷째가 '팔풍귀八風龜'이며, 다섯째가 '이십팔수귀二十八宿龜'이며, 여섯째가 '일월귀日月龜'이며, 일곱째가 '구주귀九州龜'이며, 여덟째가 '옥귀玉龜'로 총 8개의 명칭이 있다. 귀도龜圖는 각각 문채가 배 밑에 있는데, 문채가 새겨진 것에 따라 이것을 거북의 이름으로 했다. 대략 그 대체적인 것을 가리켜 뜻을 기록하고 그 그림을 모사하지는 않았다. 이 거북을 취하는데 반드시 한 자 두 치가 차지 않아도 된다. 백성은 길이가 7~8치쯤 된 것만 얻어도 보배로 여긴다.

聞古五帝三王發動擧事 必先決蓍龜 傳曰① 下有伏靈 上有免絲 上有擣蓍② 下有神龜 所謂伏靈者 在免絲之下 狀似飛鳥之形 新雨已 天淸靜無風 以夜捎免絲去之 卽以篝③燭此地燭之 火滅 卽記其處 以新布四丈環置之 明卽掘取之 入四尺至七尺 得矣 過七尺不可得 伏靈者 千歲松根也 食之不死 聞蓍生滿百莖者 其下必有神龜守之 其上常有靑雲覆之 傳曰 天下和平 王道得 而蓍莖長丈 其叢生滿百莖 方今世取蓍者 不能中古法度 不能得滿百莖長丈者 取八十莖已上 蓍長八尺 卽難得也 人民好用卦者 取滿六十莖已上 長滿六尺者 卽可用矣 記曰 能得名龜者 財物歸之 家必大富至千萬 一曰 北斗龜 二曰 南辰龜 三曰 五星龜 四曰 八風龜 五曰 二十八宿龜 六曰 日月龜 七曰 九州龜 八曰 玉龜 凡八名龜 龜圖各有文在腹下 文云云者 此某之龜也 略記其大指 不寫其圖 取此龜不必滿尺二寸 民人得長七八寸 可寶矣

① 傳曰전왈

색은 이 전傳은 곧 태복太卜에게 얻은 것으로, 고대 거북점을 설명한 것이다.

此傳卽太卜所得古占龜之說也

② 擣蓍주시

색은 擣의 발음은 '츄[逐留反]'이다. 살펴보니 곧 조稠(빽빽하다)이다. 주시擣蓍는 곧 떨기의 시초이다. 주擣는 옛날의 '조稠' 자이다.

擣音逐留反 按 卽稠也 擣蓍卽藂蓍 擣是古稠字也

③ 篝구

집해 서광이 말했다. "구篝는 농籠이다. 대개 불을 붙이고 그 주변을 둘러싸 놓은 것이다. 篝의 발음은 '구溝'이다. 〈진섭세가陳涉世家〉에는 '야구화夜篝火'라고 했다."

徐廣曰 篝 籠也 蓋然火而籠罩其上也 音溝 陳涉世家曰夜篝火也

신주 구촉篝燭은 밤길을 갈 때 길을 밝히는 오늘날의 불등佛燈과 같은 구조의 등이다.

지금 주옥珠玉이나 보배로운 물건은 비록 깊숙이 감추어져 있어도, 반드시 그 광채가 드러나 반드시 그 신명이 나온다고 했는데, 그것은 이것을 이른 것일까. 그러므로 옥이 산속에 처하면 나무가 촉촉하고 연못에 구슬이 나면 언덕이 마르지 않으니,[1] 못에서 촉촉함을 더해주기 때문이다.

명월주는 강이나 바다에서 나오는데, 방합蚌蛤 속에 감추어져 있고 그 밑에는 결룡蚗龍[2]이 엎드려 있다. 왕자王者가 얻으면 길이길이 천하를 두게 되고 사방의 오랑캐들이 빈賓으로 복종하게 된다. 100줄기의 시초 줄기를 얻을 수 있으면 아울러 그 밑의 신령한 거북이까지 얻어서 점을 칠 것이니 100마디를 말하면 100가지가 맞게 되어 길하고 흉한 것을 결정할 수 있다.

신령한 거북은 강수江水의 안에서 나온다. 여강군廬江郡에서는 항상 때마다 자라난 거북의 길이가 한 자 두 치가 되는 것을 20마리씩 태복관太卜官에게 보낸다. 태복관은 길한 날을 가려서 그 배 밑의 껍데기를 취하는데, 거북은 1,000년이 자라야 한 자 두 치를 채운다.

왕자王者는 군사를 일으켜서 장군에게 (전쟁터로) 행군을 하게 함에 반드시 종묘의 사당 위에서 귀갑을 파고 (불에 그슬려서) 길하고 흉한 것들을 판단한다. 지금 고조의 사당 안에 귀실龜室이 있는데 그 안에 귀갑을 보관하며 신령스러운 보배로 삼고 있다.

전傳에 이르기를 "거북의 앞발의 정강다리 뼈[3]를 취해서 구멍을 뚫어 몸에 차고 거북을 얻어 방안의 서북쪽에 걸어 두게 되면 깊은 산 속이나 거대한 수풀 속으로 들어가더라도 길을 헤매지 않는다."라고 했다.

今夫珠玉寶器 雖有所深藏 必見其光 必出其神明 其此之謂乎 故玉處於山而木潤 淵生珠而岸不枯者[1] 潤澤之所加也 明月之珠出於江海 藏於蚌中 蚗龍[2]伏之 王者得之 長有天下 四夷賓服 能得百莖蓍 并得其

下龜以卜者 百言百當 足以決吉凶 神龜出於江水中 廬江郡常歲時生龜長尺二寸者二十枚輸太卜官 太卜官因以吉日剔取其腹下甲 龜千歲乃滿尺二寸 王者發軍行將 必鑽龜廟堂之上 以決吉凶 今高廟中有龜室 藏內以爲神寶 傳曰 取前足臑骨[3]穿佩之 取龜置室西北隅懸之 以入深山大林中 不惑

① 淵生珠而岸不枯者연생주이안불고자

집해 서광이 말했다. "어떤 판본에는 '불不' 자가 없다. 허씨許氏는 설명하기를 '회남淮南에서는 습기가 명주明珠로 모여 언덕이 마르게 한다.'라고 했다."

徐廣曰 一無不字 許氏說淮南以爲滋潤鍾於明珠 致令岸枯也

② 蚗龍결룡

집해 서광이 말했다. "허씨許氏는 설명하기를 회남淮南에는 결룡蚗龍이라고 이르는데 용속龍屬이다. 蚗의 발음은 '결決'이다."

徐廣曰 許氏說淮南云蚗龍 龍屬也 音決

색은 결룡蚗蠪이 숨어 있다고 한 것은, 살펴보니 결蚗은 마땅히 "교蛟" 자가 되어야 한다. 蠪의 발음은 '용龍'이다. 집해 주석에서 蚗의 발음은 '결決'이라고 한 것은 잘못된 것이다.

蚗蠪伏之 按 蚗當爲蛟 蠪音龍 注音決 誤也

③ 臑骨노골

집해 서광이 말했다. "臑의 발음은 '노[乃毛反]'이다. 노臑는 비臂(팔)이다."

徐廣曰 臑音乃毛反 臑 臂

색은 臑의 발음은 '노[乃高反]'이다. 노臑는 비臂(팔)이다. 어떤 판본에는 臑의 발음은 '노[乃導反]'라고 했다.

臑音乃高反 臑 臂也 一音乃導反

신이 낭郎이 되었을 때 《만필술萬畢術》 속에 석주방石朱方이라는 전傳이 있는데 전傳에 이르기를 "신령스러운 거북은 강남의 가림嘉林 속[1]에 있다. 가림이란 짐승 중에 호랑이나 이리가 없고 새 중에 올빼미가 없고 풀에 독초가 없으며, 들에는 불이 이르지 않고 도끼나 자귀도 이르지 않으니, 이에 가림嘉林이라고 하는 것이다. 신령한 거북은 그 안에 있는데 언제나 싱그러운 연꽃 위에 집을 짓고 산다. 왼쪽 옆구리에 글을 적어 이르기를 '갑자甲子[2] 중광重光에 나를 얻는 자는 필부匹夫라도 군주가 되거나 땅을 차지하는 관장官長이 되며,[3] 제후가 나를 얻으면 제왕帝王이 될 것이다.'라고 쓰여 있다. 「백사가 휘감고 있는[4] 숲」 안에서[5] 그것(신령한 거북)을 구하려는 자는 재계하고 기다리며 공손하게 해,[6] 그 모습이 마치 사람이 있어 와 고하는 듯이 하고, 이어서 술을 부어 제사를 지내며 머리를 풀어 헤치고,[7] 사흘 밤을 구하게 되면 얻는다."라고 했다. 이것으로 말미암아 살펴본다면 어찌 위대하지 않으랴! 그러므로 거북을 공경하지 않아서야 되겠는가?

臣爲郎時 見萬畢石朱方 傳曰 有神龜在江南嘉林中[1] 嘉林者 獸無虎狼 鳥無鴟梟 草無毒螫 野火不及 斧斤不至 是爲嘉林 龜在其中 常巢於

芳蓮之上 左脅書文曰甲子[2]重光 得我者匹夫爲人君 有土正[3] 諸侯得我爲帝王 求之於白蛇蟠杅[4]林中者[5] 齋戒以待 譺然[6] 狀如有人來告之 因以醮酒佗[7]髮 求之三宿而得 由是觀之 豈不偉哉 故龜可不敬與

① 嘉林中가림중

색은 《만필술萬畢術》에는 〈석주방石朱方〉 편이 있고, 〈석주방〉 안에는 가림중嘉林中을 설명했다. 그러므로 '전왈傳曰'이라고 이른 것이다.

按 萬畢術中有石朱方 方中說嘉林中 故云傳曰

② 子자

집해 서광이 말했다. "자子는 다른 판본에는 '우于'로 되어 있다."

徐廣曰 子 一作于

③ 土正토정

집해 서광이 말했다. "정正은 장長이다. 땅이 있는 관장官長이다."

徐廣曰 正 長也 爲有土之官長

④ 杅오

집해 서광이 말했다. "杅의 발음은 '오[一孤反]'이다."

徐廣曰 一孤反

⑤ 白蛇蟠杅林中者백사반오림중자

색은 살펴보니 수풀의 이름이 '백사반오림白蛇蟠杅林'이고 거북이 그 안에 숨어 있었다. 우杅의 발음은 '오烏'이다. 흰 뱀이 일찍이 이 수풀 안에서 똬리를 틀고 있는 것을 이르는 것이다.

按 林名白蛇蟠杅林 龜藏其中 杅音烏 謂白蛇嘗蟠杅此林中也

⑥ 譺然의연

[색은] 譺의 발음은 '의嶷'이다. 거북을 구하는 자는 재계하고 기다리는 것을 항상 삼가고 공손해야 한다는 것을 말하는 것이다.

音嶷 言求龜者齋戒以待 常譺然也

⑦ 佗타

[집해] 서광이 말했다. "타佗는 다른 판본에는 '피被'로 되어 있다."

徐廣曰 佗 一作被

[색은] 佗의 발음은 '다[徒我反]'이다. 살펴보니 피발被髮을 이르는 것이다.

佗音徒我反 按 謂被髮也

남쪽 땅의 노인老人이 거북을 침상의 다리로 바쳐 사용했다. 20여 년이 지난 뒤, 노인이 죽어 침상을 옮겼는데 거북은 여전히 살아 있고 죽지 않았다. 거북이 기氣를 행해서 도인導引[1]을 할 수 있었기 때문이다.

어떤 사람이 물었다.

"거북이 이와 같이 지극히 신령한데, 태복관太卜官[2]이 산 거북을 얻고서 어찌하여 번번이 죽여서 그 귀갑을 취하는 것입니까?"

근래에 장강長江 가에 사는 사람이 명귀名龜를 얻어서 기르고 있었는데, 집이 이로 인해 큰 부자가 되었다. 남과 함께 의논해서 거북을 떠내 보내고자 했다. 그 사람이 가르치기를 '죽여서 떠나보내지 말라. 보내면 사람들의 집을 무너뜨린다.'라고 했다. 거북이 꿈에 나타나서 말했다.

"나를 물속으로 보내주고 나를 죽이지 말라."

그러나 그의 집에서 마침내 죽였는데, 거북을 죽인 뒤로는 자신도 죽고 집안도 이롭지 못했다. 백성과 군왕은 도가 다른 것이다. 백성은 명귀名龜를 얻으면 그 형상과 비슷한 것도 마땅히 죽이지 않았다. 그러나 지나간 옛 고사에서는 '옛날의 명왕明王이나 성왕聖王은 모두 죽여서 사용했다.'라고 하였다.

南方老人用龜支牀足 行二十餘歲 老人死 移牀 龜尙生不死 龜能行氣導引[①] 問者曰 龜至神若此 然太卜官[②]得生龜 何爲輒殺取其甲乎 近世江上人有得名龜 畜置之 家因大富 與人議 欲遣去 人敎殺之勿遣 遣之破人家 龜見夢曰 送我水中 無殺吾也 其家終殺之 殺之後 身死 家不利 人民與君王者異道 人民得名龜 其狀類不宜殺也 以往古故事言之 古明王聖主皆殺而用之

① 導引도인

신주 '끌어당기고 늘인다'라는 뜻으로 동양에서 전통적으로 해 온 양생법이다. 먹고 마시는 것을 제재制裁할 뿐만 아니라 털고 두드리고 늘이고 당기는 동작으로 근육과 혈을 풀어 기氣를 원활하게 하는 것이다. 즉 명귀名龜도 이러한 방식으로 해서 오랫동안 생명을 유지할 수 있었다는 말이다.

② 太卜官태복관

신주 주나라 때는 대복大卜으로 불리었고 음양으로 점치는 것을 관장했다. 신귀神龜로써 점을 쳐서 길흉을 판단해 천자의 국사國事를 도왔다.

송宋나라의 원왕元王 때 거북을 얻었는데 또한 죽여서 사용했다. 삼가 그 사연을 아래쪽①에 기록하여 호사가好事家에게 그 사연을 가려 관찰하게 했다.

송宋나라 원왕元王 2년에 강수江水에서 신귀神龜를 시켜서 하수河水에 사신으로 보냈는데 거북이 천양泉陽에 이르자 어부인 예저豫且②가 그물을 들어 올려 사로잡아서 가두어 대그릇 속에 넣어 두었다. 한밤중에 거북이 와서 꿈에 송나라의 원왕을 만나 말했다.

"나는 강수江水를 위해 하수河水에 사신으로 가는데 그물을 쳐서 나의 가는 길을 막았습니다. 또 천양의 예저가 나를 사로잡아 나는 떠날 수가 없습니다. 나는 근심 속에 있고 하소연할 만한 곳이 없습니다. 왕께서는 덕의가 있으시니, 그런 까닭에 알고 와서 하소연하는 것입니다."

원왕이 깜짝 놀라③ 잠에서 깨어났다. 이에 박사인 위평衛平④을 불러서 물었다

"지금 과인이 꿈속에서 한 장부를 보았는데 목을 길게 늘이고 머리가 길쭉하며, 검게 수놓은 옷을 입고 검은 수레⑤를 타고 와서 꿈에 과인을 보고 말하기를 '나는 강수江水를 위해 하수河水에 사신으로 가는데 그물을 설치해서 나의 가는 길을 막았습니다.

천양의 예저가 나를 사로잡아 나는 떠날 수가 없습니다. 나는 근심 속에 있는데 하소연할 만한 곳이 없습니다. 왕께서는 덕의德義가 있으시니, 그런 까닭에 와서 하소연하는 것입니다.'라고 했소. 이것이 무슨 꿈이오?"

宋元王時得龜 亦殺而用之 謹連其事於左方[1] 令好事者觀擇其中焉 宋元王二年 江使神龜使於河 至於泉陽 漁者豫且[2]舉網得而囚之 置之籠中 夜半 龜來見夢於宋元王曰 我爲江使於河 而幕網當吾路 泉陽豫且得我 我不能去 身在患中 莫可告語 王有德義 故來告訴 元王惕然[3]而悟 乃召博士衛平[4]而問之曰 今寡人夢見一丈夫 延頸而長頭 衣玄繡之衣而乘輜車[5] 來見夢於寡人曰 我爲江使於河 而幕網當吾路 泉陽豫且得我 我不能去 身在患中 莫可告語 王有德義 故來告訴 是何物也

① 左方좌방

신주 중국은 고대부터 죽간이나 종이에 글을 기록할 때 위에서 아래로, 오른쪽에서 왼쪽으로 써 내려갔다. 그런 까닭에 좌방左方이라고 표현한 것이다. 왼쪽에서 오른쪽으로, 위에서 아래로 쓰는 우리 글로는 아래에 해당한다.

② 豫且예저

색은 앞 글자 豫의 발음은 '제[子余切]'이다. 천양泉陽 사람이고 원귀元龜를 그물로 잡은 것이다.

下音子余切 泉陽人 網元龜者

③ 惕然척연

신주 깜짝 놀라는 모양이다.

④ 衛平위평

색은 송원군宋元君의 신하이다.

宋元君之臣也

⑤ 輜車치거

신주 검은 수레란 뜻으로, 본래 군대의 보급품을 나르는 수레이다.

위평衛平이 이에 수레의 가로나무를 뽑아 들고① 일어나서 하늘을 우러러 달빛을 관찰하고, 북두성이 가리키는 바를 관찰해서 태양이 향하는 곳을 정했다. 그리고 규구規矩로 보좌를 삼고 권형權衡으로 부보좌를 삼아서② 사방의 기둥③이 이미 정해지고, 팔괘八卦가 서로 마주 보게 해서 그 (꿈이) 길하고 흉한 것을 살펴보니, 귀갑龜甲이 먼저 나타났다. 이에 원왕에게 대답해서 말했다. "어젯밤④은 임자壬子일로 28수가 견우牽牛성에서 있었습니다. 하수河水의 물이 크게 불어서 귀신들이 서로 의논할 때입니다. 하늘의 은하수⑤는 남북으로 바르게 하고 강수江水와 하수河水가 본디 기약한 대로 남풍이 새로 이르니 강수江水의 사자使者가 먼저 왔습니다. 흰 구름이 은하수를 막으니 만물이 모두 억류당합니다. 그리고 북두성의 자루가 태양을 가리키니 사신도 마땅히 간히게 됩니다. 검은 옷을 입고 검은 수레를 탄 것은 그의 이름이 거북이 되는 것입니다. 왕께서는 급히 사람을 보내 묻게 해서 찾아야 합니다."

송나라의 원왕이 말했다.

"좋은 말이오."

衛平乃援式①而起 仰天而視月之光 觀斗所指 定日處鄕 規矩爲輔 副以權衡② 四維③已定 八卦相望 視其吉凶 介蟲先見 乃對元王曰 今昔④壬子 宿在牽牛 河水大會 鬼神相謀 漢⑤正南北 江河固期 南風新至 江使先來 白雲壅漢 萬物盡留 斗柄指日 使者當囚 玄服而乘輜車 其名爲龜 王急使人問而求之 王曰 善

① 援式원식

색은 서광이 말했다. "式의 발음은 '칙勅'이다."

徐廣曰 式音勅

신주 수레의 가로나무를 당긴다는 뜻이다.

② 規矩爲輔 副以權衡규구위보 부이권형

신주 규구規矩는 크기를 재거나 그릴 때 쓰는 그림쇠(컴퍼스)와 굽은자(곱자)를 말하며, 권형權衡은 무게를 잴 때 쓰는 저울대와 저울추를 말한다.

③ 四維사유

신주 사방으로 세우는 기둥이다.

④ 今昔금석

색은 금석今昔은 작야昨夜와 같다. 금일로써 말한다면 어젯밤이 금석今昔이 되는 것을 이른다.

今昔猶昨夜也 以今日言之 謂昨夜爲今昔

⑤ 漢한

집해 한漢은 천하天河이다.

漢 天河

신주 천하天河는 은하수이다.

이에 왕이 사람을 시켜 달려가게 해서 천양현령에게 물어 말했다.

"어부들이 몇 집이나 되는가? 예저란 이름을 가진 자는 누구인가? 예저가 거북을 얻었는데 꿈에 왕에게 나타나서 왕이 이 때문에 나를 보내서 구하도록 했다."

천양현령이 이에 관리를 시켜 호적을 조사하고 지도를 살펴보게 했는데, 하수 위에서 고기를 잡는 어부는 55가구로 상류 쪽의 집에 예저라는 이름이 있다고 했다. 천양현령이 말했다.

"알았다."

이에 사자와 함께 달려서 예저에게 물어 말했다.

"어제 저녁에 너는 고기를 잡는데 무엇을 얻었느냐?"

예저가 말했다.

"한밤중에 그물을 걸어서 거북을 얻었습니다.[①]"

사자가 말했다.

"지금 거북은 어디에 있는가?"

(예저가) 답하기를

"대그릇 속에 있습니다."

사자가 말했다.

"왕께서 그대가 거북을 얻은 것을 알고 있다. 그러므로 나를 시켜서 구하게 했다."

예저가 말했다.

"알겠습니다."

곧 매어 놓은 거북을 대그릇 속에서 꺼내어 사자에게 바쳤다. 사자가 수레에 싣고 천양현의 문을 나왔다. 대낮인데도 보이는 것이 없었다. 바람이 불고 비가 내려 어둡고 캄캄했다. 구름은 그 위를 덮어서 다섯 가지의 색에 푸르고 누런빛이 더했다. 우레와 비가 함께 일어나고 바람도 장차 불려고 하는데, 단문端門으로 들어가 동쪽 곁채에서 원왕을 뵈었다. 거북의 몸은 물이 흐르듯이 윤택하여 광채가 있었다. 원왕을 바라보고 목을 늘여 빼고 앞으로 나가 세 걸음 하여 멈추었다가 목을 움츠리고 물러나 다시 그가 이전에 처했던 곳으로 돌아갔다.

於是王乃使人馳而往問泉陽令曰 漁者幾何家 名誰爲豫且 豫且得龜見夢於王 王故使我求之 泉陽令乃使吏案籍視圖 水上漁者五十五家上流之廬 名爲豫且 泉陽令曰 諾 乃與使者馳而問豫且曰 今昔汝漁何得 豫且曰 夜半時擧網得龜[1] 使者曰 今龜安在 曰 在籠中 使者曰 王知子得龜 故使我求之 豫且曰 諾 卽系龜而出之籠中 獻使者 使者載行 出

於泉陽之門 正晝無見 風雨晦冥 雲蓋其上 五采青黃 雷雨竝起 風將而行 入於端門 見於東箱 身如流水 潤澤有光 望見元王 延頸而前 三步而止 縮頸而卻 復其故處

① 得龜득귀

집해 《장자》에서 말한다. "백귀白龜가 둥글고 5척五尺이나 되는 것을 얻었다."

莊子曰得白龜圓五尺

원왕이 보고 기이하게 여기고 위평에게 물었다.
"거북이 과인을 보고 목을 늘이고 앞으로 온 것은 무엇을 바라는 것인가? 목을 움츠리고 다시 제자리로 간 것은 무엇에 해당하는 것인가?"
위평이 대답했다.
"거북이 환란 중에 하룻밤을 꼬박 갇혀 있었는데, 왕께서 덕의가 있어서 사자를 보내 살게 했습니다. 지금 목을 늘이어 앞으로 한 것은 마땅히 사례한 것입니다. 목을 움츠리고 물러난 것은 떠나는 길이 급하다고 한 것입니다."
원왕이 말했다.
"훌륭하다, 신령스러움이 이처럼 지극하구나! 오래 머무르게 할 수 없으니 신속하게 수레에 실어 거북을 보내서 기한을 잃지 않게 하라."
위평이 대답했다.

"거북이란 천하의 보배입니다. 먼저 이 거북을 얻는 자는 천자가 될 것입니다. 또 거북으로 점을 치면 열 번 말하면 열 번 맞히고 열 번 싸우면 열 번 승리할 수 있습니다. 이 거북은 깊은 연못에서 태어나 황토黃土에서 자랐습니다. 하늘의 도를 알고 옛일에도 밝습니다. 3,000년을 살도록 그의 지역을 벗어나지 않았습니다. 편안하고 평화로우며 고요하고 바르며 움직이는 데도 힘을 쓰지 않습니다. 그의 수명은 하늘과 땅에 가리어져 그 끝을 알 수가 없습니다. 사물과 함께 변화하며 네 계절마다 색깔을 변화합니다. 사는 데는 스스로 숨어서 살고 엎드려서 먹지 않습니다. 봄에는 푸르고 여름에는 누렇고 가을에는 희고 겨울에는 검게 됩니다. 음과 양에 밝고 오행五行의 상생相生과 상극相克①도 살필 줄 압니다. 먼저 이로운 것과 해로운 것을 알고 재앙과 복을 살핍니다. 말을 하면 이치에 맞고 싸우면 승리합니다. 왕께서 보배로 삼을 수 있게 되면 제후들이 모두 복종할 것입니다. 왕께서는 보내지 마시고 사직을 편안하게 하십시오."

元王見而怪之 問衛平曰 龜見寡人 延頸而前 以何望也 縮頸而復 是何當也 衛平對曰 龜在患中 而終昔囚 王有德義 使人活之 今延頸而前 以當謝也 縮頸而卻 欲亟去也 元王曰 善哉 神至如此乎 不可久留 趣駕送龜 勿令失期 衛平對曰 龜者是天下之寶也 先得此龜者爲天子 且十言十當 十戰十勝 生於深淵 長於黃土 知天之道 明於上古 游三千歲 不出其域 安平靜正 動不用力 壽蔽天地 莫知其極 與物變化 四時變色 居而自匿 伏而不食 春倉夏黃 秋白冬黑 明於陰陽 審於刑德① 先知利害 察於禍福 以言而當 以戰而勝 王能寶之 諸侯盡服 王勿遣也 以安社稷

① 刑德형덕

신주 형刑과 덕德은 곧 오행五行의 상생相生과 상극相克을 말한다.

원왕이 말했다.

"거북은 매우 신령스러운 것이며 하늘에서 내려와 깊은 연못에 빠졌으며 지금 환난 중에 있다. 과인을 어진 사람으로 여기고 있다. 덕의 두터움과 충성되고 진실한 마음이 있으므로 와서 과인에게 고한 것이다. 과인이 만약 보내지 않는다면 이것은 어부일 뿐이다. 어부는 그의 고기를 이롭게 여기고, 과인은 그의 힘을 탐하는 것이다. 이것은 아래로 불인不仁한 것이 되고 윗사람으로 덕이 없는 것이 된다. 군주와 신하가 예의가 없다면 어찌 복이 있어 오겠는가? 과인은 차마 하지 못하겠다. 어찌 거북을 놓아 주지 않을 수 있겠는가?"

위평이 대답했다.

"그러하지 않습니다. 신이 듣건대 성대한 덕은 갚지 않아도 되고 무거운 책임을 지우는 부탁은 돌려주지 않는 것입니다. 하늘이 주는 것을 받지 않으면 하늘은 보물을 빼앗아 간다고 했습니다. 지금 거북은 천하를 주류하다가 제자리로 돌아온 것입니다. 위로는 창천蒼天에 이르고 아래로는 진흙 속에 다다라 구주九州를 두루 돌아다니며 일찍이 부끄럽거나 치욕을 당하지 않았으며 억류된 바가 없었습니다. 지금 천양에 이르렀는데, 어부가 욕되게 가두었습니다. 왕께서 비록 보내 주신다고 하더라도 강수와 하수는 반드시 노여워하고 원수를 갚으려고 힘쓸 것입니다. 또 스스로 침해당했다고 여기고 이로 말미암아 신들과 함께 의논할 것입니다. 이에 장맛비[①]는 개지 않고 홍수는 다스리지 못할 것입니다. 만약 심한 가뭄[②]이 들어 바람이 먼지를 일으키고 누리떼가 사납게 발생하면 백성이 농사철을 잃게 될 것입니다. 왕께서 인의仁義를 행해도 그 벌은 반드시 올 것입니다. 이러한 것은 다른 까닭이 없고 빌미가 거북에게 있을 것입니다. 뒤에 비록 후회하더라도 어찌 미칠 것이 있겠습니까. 왕께서는 보내지 마십시오."

元王曰 龜甚神靈 降于上天 陷於深淵 在患難中 以我爲賢 德厚而忠信 故來告寡人 寡人若不遣也 是漁者也 漁者利其肉 寡人貪其力 下爲不仁 上爲無德 君臣無禮 何從有福 寡人不忍 柰何勿遣 衛平對曰 不然 臣聞盛德不報 重寄不歸 天與不受 天奪之寶 今龜周流天下 還復其所 上至蒼天 下薄泥塗 還徧九州 未嘗愧辱 無所稽留 今至泉陽 漁者辱而囚之 王雖遣之 江河必怒 務求報仇 自以爲侵 因神與謀 淫雨[①]不霽 水不可治 若爲枯旱[②] 風而揚埃 蝗蟲暴生 百姓失時 王行仁義 其罰必來 此無佗故 其祟在龜 後雖悔之 豈有及哉 王勿遣也

① 淫雨음우

신주 장마가 지도록 내리는 비를 이른다.

② 枯旱고한

신주 초목이 말라 탈 지경의 심한 가뭄이다.

원왕이 개연慨然히[1] 탄식하고 말했다.

"대저 남의 사신을 거역하고 남의 계책을 차단하는 것은 또한 포악한 것이 아니겠는가? 남이 가진 것을 취하여 스스로 보배로 여기는 것은 강제로 빼앗는 일이 아닌가? 과인이 듣기로는 포악하게 얻은 자는 반드시 포악하게 망하고, 강제로 빼앗는 자는 반드시 뒤에 공로가 없다고 했다. 걸桀이나 주紂는 포악하고 강제로 빼앗아 자신은 죽고 국가는 멸망했다. 지금 내가 그대의 말을 듣는 것은 인의의 이름을 없애고 포악하고 강압적인 것을 있게 하는 것이다. 강수와 하수는 탕왕湯王과 무왕武王이 되고 나는 걸桀과 주紂가 되는 것이다. 그의 이익을 보지 못하고 그의 허물만 만날까 두렵다. 과인은 의심스러운 마음이 있으니, 어찌 이 보물만을 일삼겠는가? 빨리 수레에 태워 거북을 보내주고 오래 머물도록 하지 말지어다."

元王慨然[1]而歎曰 夫逆人之使 絶人之謀 是不暴乎 取人之有 以自爲寶 是不彊乎 寡人聞之 暴得者必暴亡 彊取者必後無功 桀紂暴彊 身死國亡 今我聽子 是無仁義之名而有暴彊之道 江河爲湯武 我爲桀紂 未見其利 恐離其咎 寡人狐疑 安事此寶 趣駕送龜 勿令久留

① 慨然개연

신주 분개하는 모양을 이른다.

위평이 다시 대답해 말했다.

"그렇지 않습니다. 왕께서는 근심하지 마십시오. 하늘과 땅 사이에는 돌이 쌓여서 산이 만들어집니다. 산은 높아도 무너지지 않고 땅은 그로 인해 편안할 수 있습니다. 그러므로 이르기를 '사물은 위태롭지만 편안함을 생각하기도 하고, 가볍지만 옮길 수 없기도 하다. 사람은 어떤 경우 충성스럽고 진실하다고 해도 함부로 큰소리쳐서 속이는 자[①]만 같지 못한 이도 있고, 어떤 경우 추악하다고 해도 큰 관리로 적당하기도 하며, 어떤 경우 아름답고 좋은 모습을 가지고도 많은 사람의 근심거리가 되기도 한다.'라고 했습니다. 신인神人이나 성인이 아니라면 모두를 말할 수 없는 것입니다. 봄, 여름, 가을, 겨울은 혹은 덥기도 하고 혹은 춥기도 합니다. 춥고 더운 것들이 조화롭지 않게 되면 나쁜 기운이 서로를 침범하게 됩니다. 같은 해에도 계절이 다른 것은 그 시기가 그렇게 되도록 하는 것입니다. 그러므로 봄에는 태어나고 여름에는 자라고 가을에는 거두고 겨울에는 저장하는 것입니다. 어떤 사람은 인의를 실천하기도 하지만 어떤 사람은 포악하고 강제로 빼앗기도 하는 것입니다. 포악하고 강제로 빼앗는 것도 방향이 있고 인의도 실천하는 시기가 있습니다. 모든 사물이 모두가 그러해서 모두 다스릴 수는 없는 것입니다.

衛平對曰 不然 王其無患 天地之間 累石爲山 高而不壞 地得爲安 故云物或危而顧安 或輕而不可遷 人或忠信而不如誕謾[①] 或醜惡而宜大官 或美好佳麗而爲衆人患 非神聖人 莫能盡言 春秋冬夏 或暑或寒 寒暑不和 賊氣相奸 同歲異節 其時使然 故令春生夏長 秋收冬藏 或爲仁義 或爲暴彊 暴彊有鄉 仁義有時 萬物盡然 不可勝治

① 誕謾탄만

집해 서광이 말했다. "탄誕은 다른 판본에는 '탄訑'으로 되어 있고 誕의 발음은 '타[吐和反]'이다."

徐廣曰 誕 一作訑 音吐和反

색은 誕의 발음은 '잔[田爛反]'이다. 謾의 발음은 '만漫'이다. 誕의 발음은 '톼[吐禾反]'이다.

誕 田爛反 謾音漫 一音竝如字 訑音吐禾反

신주 탄만誕謾은 함부로 큰소리를 쳐서 속이는 것이다.

대왕께서 신의 말을 들으시겠다면 신은 모두 말씀드릴 것을 청합니다. 하늘에는 다섯 가지의 색깔을 방출해서 백색과 흑색을 분별하게 했습니다. 땅에는 오곡을 자라게 해서 좋은 것과 나쁜 것을 알게 했습니다. 백성이 분별할 줄 모르면 새나 짐승과 서로 같습니다. 계곡에서 살고 굴에서 살며 농사를 지을 줄도 알지 못하고, 천하에 재앙과 어지러움이 일어나 음과 양이 서로 어긋나게 되며, 허둥지둥 서두르기만 할 뿐[1] 환히 보여도 (선악을) 서로 가리지를 못합니다. 요괴와 재앙[2]이 자주 나타나 전해져서 박약薄弱하게 되었습니다. 그래서 성인께서 그 살아 있는 것을 분별하여 서로 해치는 일을 없게 했습니다. 금수는 암컷과 수컷이 있게 해 산이나 들에 두었습니다. 새는 암컷과 수컷을 두어서 수풀이나 늪지대에 살게 하고 껍질이 있는 벌레를 두어 계곡에 놓아두었습니다. 그러므로 백성을 다스리기 위해 성곽을 만들어, 안으로는

여閭와 술術[3]을 만들고 밖으로는 동서로 통하는 천맥阡陌을 만들었습니다. 남편과 아내를 남자와 여자로 하고 전답과 집을 주고 그들의 집들이 줄을 짓게 했습니다. 지도와 호적을 만들어서 그의 종족의 이름을 구별하게 했습니다. 관직을 세우고 관리를 배치하고 작위와 녹봉으로 권장했습니다. 양잠과 방적을 해 옷을 입게 하고 오곡으로써 생명을 기르게 했습니다. 밭을 갈고 곰방메[4]로 땅을 고르고 김을 매고 괭이[5]로 고르게 했습니다. 입에는 즐기는 바를 얻게 하고 눈에는 아름다운 것을 얻게 하고 몸에는 그의 이로운 것을 받게 했습니다.

大王聽臣 臣請悉言之 天出五色 以辨白黑 地生五穀 以知善惡 人民莫知辨也 與禽獸相若 谷居而穴處 不知田作 天下禍亂 陰陽相錯 悤悤疾疾[1] 通而不相擇 妖孽[2]數見 傳爲單薄 聖人別其生 使無相獲 禽獸有牝牡 置之山原 鳥有雌雄 布之林澤 有介之蟲 置之谿谷 故牧人民 爲之城郭 內經閭術[3] 外爲阡陌 夫妻男女 賦之田宅 列其室屋 爲之圖籍 別其名族 立官置吏 勸以爵祿 衣以桑麻 養以五穀 耕之櫌[4]之 鉏之耨[5]之 口得所嗜 目得所美 身受其利

① 悤悤疾疾총총질질

집해 서광이 말했다. "질疾은 다른 판본에는 '병病'으로 되어 있다."

徐廣曰 一作病

신주 급하게 바삐, 즉 급히 서두른다는 뜻이다.

② 妖孽요얼

정의 《설문》에서 말한다. "의복이나 가요나 초목草木의 괴상한 것을 요妖라고 이른다. 새나 짐승이나 누리떼의 괴이한 것을 얼孼이라고 이른다."
說文云 衣服謠草木之怪謂之妖 禽獸蟲蝗之怪謂之孼也

③ 閭術여술

신주 여閭는 25가구이다. 술術은 1,000가구의 마을이다.

④ 耰우

집해 서광이 말했다. "耰의 발음은 '우憂'이다."
徐廣曰 音憂

정의 우耰는 씨앗을 덮는 것이다. 《설문》에는 "우耰는 마전기摩田器이다."라고 했다.
耰 覆種也 說文云 耰 摩田器

신주 耰는 곰방메이다.

⑤ 耨누

정의 서광이 말했다. "누耨는 풀을 제거하는 기구이다."
徐廣曰 耨 除草也

이러한 것으로 살펴본다면 강하지 않는다면 이에 이르지 못합니다. 그러므로 이르기를 '밭을 가는 데 힘쓰지 않으면 창고[①]에 곡식이 가득 차지 않고, 장사꾼이 장사에 힘쓰지 않으면 그의 남는 이익을 얻지 못한다. 부인이나 여인이 힘쓰지 않으면 베와 비단옷이 정묘하지 못하고, 관리나 모시는 자가 힘쓰지 않으면 그의 세력이 성취되지 않는 것이다. 대장이 강하지 않으면 졸병들이 명령을 따르지 않고, 후작이나 왕이 강하지 않으면 세상이 다하도록 명성이 없다.'라고 했습니다. 그러므로 이르기를 '강력한 것은 일의 시작이고 분별하는 이치이고 사물의 기강이다. 강력하고서 구하지 못하는 것이 없다.'라고 했습니다. 왕께서 그러하지 않다고 여기신다면, 왕께서 홀로 꿩을 조각한 옥갑玉匣[②]이 곤륜산에서 나오고, 명월주明月珠가 사방의 바다에서 나오는데 돌에 새기고 조개를 쪼개서[③] 시장에 전해 팔며, 성인이 얻게 되면 큰 보배로 삼는다는 것을 듣지 못한 것입니다. 큰 보배가 있는 곳이 천자가 됩니다. 지금 왕께서 스스로 포악한 것으로 여겨서 바다에서 조개를 쪼개려 하지 않으시고, 스스로 강제로 빼앗는 것과 같다고 여기신다면 곤륜산에서 옥돌을 쪼아내지 않는 것에 불과합니다. 취하는 자는 허물이 없고 보배에는 걱정이 없습니다. 지금 거북이 사신으로 와서 그물에 걸려 어부에게 사로잡힘을 당했으나 폐하의 꿈에 나타나 스스로 말한 것은 이것은 국가의 보배입니다. 왕께서는 무엇을 근심하십니까?"

以是觀之 非彊不至 故曰田者不彊 囷倉[①]不盈 商賈不彊 不得其贏 婦女不彊 布帛不精 官御不彊 其勢不成 大將不彊 卒不使令 侯王不彊 沒

世無名 故云彊者 事之始也 分之理也 物之紀也 所求於彊 無不有也 王以爲不然 王獨不聞玉櫝隻雉② 出於昆山 明月之珠 出於四海 鐫石拌蚌③ 傳賣於市 聖人得之 以爲大寶 大寶所在 乃爲天子 今王自以爲暴不如拌蚌於海也 自以爲彊 不過鐫石於昆山也 取者無咎 寶者無患 今龜使來抵網 而遭漁者得之 見夢自言 是國之寶也 王何憂焉

① 囷倉균창

집해 《설문》에서 말한다. "둥근 것을 균囷이라고 이른다. 모난 것을 늠廩이라고 이른다."

說文云 圓者謂之囷 方者謂之廩

② 玉櫝隻雉옥독척치

집해 서광이 말했다. "척隻은 다른 판본에 '쌍雙'으로 되어 있다."

徐廣曰 隻 一作雙

신주 옥독玉櫝이나 척치隻雉는 모두 옥돌의 명칭이다.

③ 鐫石拌蚌전석판방

집해 서광이 말했다. "鐫의 발음은 '전[子旋反]'이다. 拌의 발음은 '판判'이다."

徐廣曰 鐫音子旋反 拌音判

색은 拌의 발음은 '판判'이다. 판判은 할割(가르다)이다.

拌音判 判 割也

원왕이 말했다.

"그렇지 않다. 과인이 듣자니 간하는 것은 복이 되고 아첨하는 것은 해치는 것이라고 했다. 군주가 아첨하는 것을 듣는 것은 어리석고 미혹되는 것이다. 비록 그러나 재앙은 망령되이 이르지 않는 것이고 복은 그냥 오는 것은 아니다. 하늘과 땅의 기운이 합해서 온갖 재물을 나게 하는 것이다. 음과 양이 분별이 있어 네 계절은 서로 만나지 않고, 열두 달을 두어 동지와 하지를 기약으로 삼는다. 성인은 통달해서 자신에게는 재앙이 없다. 현명한 왕은 그를 등용하면 사람들이 감히 속이지 못한다. 그러므로 이르기를 '복이 이르는 것은 사람이 스스로 성취하는 것이고 재앙이 이르는 것도 사람이 스스로 성취하는 것이다.'라고 했다. 재앙이나 복은 동일하고 형刑이나 덕은 한 쌍이다. 그래서 성인들은 살펴서 길하고 흉한 것을 아는 것이다. 걸桀이나 주紂 때는 하늘과 함께 공로를 다투었고 귀신들을 막아서 사람들과 통할 수가 없게 했다. 이것은 진실로 이미 도가 없는 것이며 아첨하는 신하가 더욱 많아진 것이다.

걸桀은 아첨하는 신하를 두었는데 이름을 조량趙梁이라고 한다. 그가 걸桀을 가르쳐 무도하게 하고 탐하고 거역하는 것을 권장하여 탕왕湯王을 하대夏臺에 가두고 관용봉關龍逢을 죽이게 했다. 좌우에서 죽음을 두려워하고 더욱 곁에서 아첨했다. 나라가 계란을 쌓아 올린 것[1]처럼 위태했는데도 모두가 걱정이 없다고 했다. 즐겨 만세를 칭하고 어떤 이는 아직 국운이 중간도 되지 않았다고 했다. 그의 눈과 귀를 가리고 함께 속이며 날뛰었다.

탕왕湯王이 마침내 걸桀을 정벌하여 걸은 죽고 나라는 멸망했다. 그의 아첨하는 신하들의 말만 듣다가 자신이 홀로 재앙을 받은 것이라고 역사서[춘추春秋][2]에 기록하여 지금에 이르러서도 잊지 않고 있다.

주紂는 아첨하는 신하를 두었는데 이름을 좌강左彊이라고 했다. 그는 눈썰미가 있는 것을 자랑하며 주紂에게 상아로 꾸민 사랑채를 만들도록 했다.[3] 그 높이가 장차 하늘에 이르도록 했으며 또 옥상玉牀도 만들었다. 무소의 뿔과 옥으로 만든 그릇과 상아로 만든 젓가락과 국자로 국을 뜨게 했다.[4] 또 성인인 그의 숙부인 왕자 비간의 심장을 쪼개어 보았고 장사가 넓은 시냇물을 뛰어넘자 그의 정강이[5]를 쪼개 보았다. 기자箕子는 죽음을 두려워하고 머리를 풀어 헤치고 미친 척했다.

元王曰 不然 寡人聞之 諫者福也 諛者賊也 人主聽諛 是愚惑也 雖然 禍不妄至 福不徒來 天地合氣 以生百財 陰陽有分 不離四時 十有二月 日至爲期 聖人徹焉 身乃無災 明王用之 人莫敢欺 故云福之至也 人自生之禍之至也 人自成之 禍與福同 刑與德雙 聖人察之 以知吉凶 桀紂之時 與天爭功 擁遏鬼神 使不得通 是固已無道矣 諛臣有衆 桀有諛臣 名曰趙梁 敎爲無道 勸以貪狼 繫湯夏臺 殺關龍逢 左右恐死 偸諛於傍 國危於累卵[1] 皆曰無傷 稱樂萬歲 或曰未央 蔽其耳目 與之詐狂 湯卒伐桀 身死國亡 聽其諛臣 身獨受殃 春秋[2] 著之 至今不忘 紂有諛臣 名爲左彊 誇而目巧[3] 敎爲象郞 將至於天 又有玉牀 犀玉之器 象箸而羹[4] 聖人剖其心 壯士斬其胻[5] 箕子恐死 被髮佯狂

① 累卵누란

신주 계란을 쌓는다는 뜻으로 곧 위태로운 상황을 뜻한다.

② 春秋춘추

신주 여기서는 역사서를 뜻한다.

③ 目巧敎爲象郞목교교위상랑

집해 《예기》에서 말한다. "목교目巧는 목교지실目巧之室이다." 정현鄭玄이 말했다. "다만 눈의 교묘함과 좋은 마음을 써서 실室을 만든 것이지 법도로써 말미암지 않았다." 허신이 말했다. "상랑象郎은 상아랑象牙郎이다."

禮記曰 目巧之室 鄭玄曰 但用目巧善意作室 不由法度 許愼曰 象牙郎

④ 象箸而羹상저이갱

색은 箸의 발음은 '저[持慮反]'이고 저箸는 저筯(젓가락)이다. 국과 함께 연계되니 어떤 사람은 저箸(젓가락)가 아니고 준樽(술통)일 것이라고 했다. 《예기》에서 말한다. "국에 야채가 있는 것은 협梜(젓가락)을 사용한다." 협梜은 저箸이다.

箸音持慮反 則箸是筯 爲與羹連 則或非箸 樽也 記曰 羹之有菜者用梜 梜者 箸也

⑤ 胻형

집해 胻의 발음은 '형衡'이다. 다리의 정강이이다.

胻音衡 脚脛也

색은 응소가 말했다. "胻의 발음은 '형衡'이다. 곧 다리의 정강이이다."

주나라 태자 계력季歷① 을 죽이고 문왕 창昌을 가두어 석실石室에 던져서 장차 저녁부터 밝을 때까지 가두려 했는데, 음긍陰兢② 이 살려 내어 함께 도망했다. 주나라 땅으로 들어가 태공망太公望을 얻었다. 군사를 일으키고 군사들을 모집하여 주紂와 서로 공격했다. 문왕이 병으로 죽자 시체를 수레에 싣고 행군했는데, 태자 발發이 장수를 대신하고 호를 무왕武王이라고 했다. 목야牧野에서 싸워서 화산華山의 북쪽에서 무너뜨렸다. 주紂가 승리하지 못하고 패배하여 달아나자 상아의 행랑채를 포위했다. 스스로 선실宣室③ 에서 죽었으나 주紂가 죽었어도 장례를 치르지 못했다. 잘린 머리는 수레의 가로나무에 매달려 네 마리의 말들이 끌고 돌아다녔다. 과인이 이와 같은 일을 생각해 보면 창자가 끓어오르는④ 듯하다. 이 사람들은 모두 부유하기로는 천하를 차지했고, 귀한 것으로는 천자天子에 이르렀다. 그러나 크게 오만했고 욕심은 싫어 할 때가 없었으며, 일을 들어 높이는데 기뻐하고 탐욕스러우며 남의 말을 듣지 않고 교만했다. 충성하고 믿음이 있는 이를 기용하지 않고 그의 아첨하는 신하의 말을 들어 천하의 웃음거리가 되었다. 지금 과인의 나라는 제후들의 사이에 끼어서 일찍이 위태로움이 가을의 터럭과 같은 상태이다. 거사함이 마땅치 않다면 더욱이 어디로 도망칠 것인가?"

殺周太子歷① 囚文王昌 投之石室 將以昔至明 陰兢②活之 與之俱亡 入

於周地 得太公望 興卒聚兵 與紂相攻 文王病死 載尸以行 太子發代將 號爲武王 戰於牧野 破之華山之陽 紂不勝敗而還走 圍之象郎 自殺宣室[3] 身死不葬 頭懸車軫 四馬曳行 寡人念其如此 腸如涫[4]湯 是人皆富有天下而貴至天子 然而大傲 欲無猒時 擧事而喜高 貪很而驕 不用忠信 聽其諛臣 而爲天下笑 今寡人之邦 居諸侯之間 曾不如秋毫 擧事不當 又安亡逃

① 周太子歷주태자력

색은 살펴보니 "살주태자력殺周太子歷"이라고 한 문장은 "수문왕창囚文王昌"의 위에 있다. 곧 이는 계력季歷에 가깝다. 계력은 주왕紂王에게 처벌을 당하지 않았으니 곧 그의 말이 망령됨에 가깝고, 주周나라에는 다시 별도로 태자의 이름에 역歷을 허용한 적이 없다.

按 殺周太子歷文 在囚文王昌之上 則近是季歷 季歷不被紂誅 則其言近妄 無容周更別有太子名歷也

② 陰兢음긍

집해 서광이 말했다. "긍兢은 다른 판본에 '경竟'으로 되어 있다."

徐廣曰 兢 一作竟

색은 음陰은 성姓이고 긍兢은 이름이다.

陰 姓 兢 名

③ 宣室선실

집해 서광이 말했다. "천자의 거처를 이름하여 '선실宣室'이라 했다."

徐廣曰 天子之居 名曰宣室

④ 涫관

집해 서광은 "涫의 발음은 '관館'이고 다른 판본에는 '불沸'로도 되어 있다."

徐廣曰 涫音館 一作沸

색은 앞 글자 涫의 발음은 '관館'이다. 관涫은 불沸이다.

上音館 涫 沸也

위평이 대답했다.

"그렇지 않습니다. 하수가 비록 신령하고 현명하더라도 곤륜산의 신령만 같지 못합니다. 강수江水의 원천源泉과 지류支流는 사해四海만 같지 못합니다. 그런데 사람들은 오히려 곤륜산이나 바다의 보물들을 빼앗아 취하려 하고, 제후들은 이것을 (취하고자) 다투어 전쟁을 일으키니, 작은 나라들은 멸망 당하고 거대한 나라는 위태로워집니다. 사람들의 부모와 형제를 죽이고 사람들의 아내와 자식들을 포로로 잡으며, 국가를 해치고 종묘를 없애 가면서 이 보배를 취하고자 다툽니다. 전쟁을 일으켜 공격하고 서로 다투는 것, 이것은 강포한 것입니다. 그러므로 이르기를 '포악하고 강력한 것으로 빼앗더라도 문채와 도리로 다스려서 사계절이 거역함이 없게 하고, 반드시 어진 선비를 가까이한다. 그리고 음과 양과 함께 변화하고 귀신을 사신으로 삼아 하늘과 땅으로 통하게 해서 함께 벗 삼는다면, 제후는 빈객으로 복종하며 백성은 성대하게 기뻐할 것이고, 나라는 편안해지며 여세추이與世推移해 옛것을 고치고 새롭게 시작할 수 있다.'라고 했습니다. 탕왕이나 무왕이 행군해서 이에 천자를 취했는데, 《춘추》에 기록해 떳떳한 기강으로 삼았습니다.

왕께서는 스스로 탕왕이나 무왕이라 일컫지 않고 스스로 걸桀과 주紂에 비교하십니다. 걸桀과 주紂는 강포한 것을 실로 떳떳한 것으로 삼았습니다. 걸桀은 기와집을 만들었고① 주紂는 상아로 된 집을 만들었습니다. 이에 실을 징수하여 불을 때고② 백성들은 낭비하는 것에 힘썼습니다. 세금을 걷는 것이 법도가 없었고 죽이고 처벌하는 것들도 방도가 없었습니다. 남들의 여섯 가지 가축들을 죽이고 그 가죽으로 주머니를 만들었습니다. 그 주머니 속에 그 피를 가득 담아서 사람과 함께 매어 달아 놓고 활로 쏘아서 하늘의 하느님과 함께 강성한 것을 다툰다고 했고, 사계절을 거역하고 어지럽혔으며 모든 귀신보다 먼저 음식을 맛보았습니다.

衛平對曰 不然 河雖神賢 不如崑崙之山 江之源理 不如四海 而人尙奪取其寶 諸侯爭之 兵革爲起 小國見亡 大國危殆 殺人父兄 虜人妻子 殘國滅廟 以爭此寶 戰攻分爭 是暴彊也 故云取之以暴彊而治以文理 無逆四時 必親賢士 與陰陽化 鬼神爲使通於天地 與之爲友 諸侯賓服 民衆殷喜 邦家安寧 與世更始 湯武行之 乃取天子 春秋著之 以爲經紀 王不自稱湯武 而自比桀紂 桀紂爲暴彊也 固以爲常 桀爲瓦室① 紂爲象郞 徵絲灼②之 務以費(民)〔氓〕 賦斂無度 殺戮無方 殺人六畜 以韋爲囊 囊盛其血 與人縣而射之 與天帝爭彊 逆亂四時 先百鬼嘗

① 桀爲瓦室걸위와실

집해 《세본世本》에서 말한다. "곤오昆吾가 질그릇을 만들었다." 장화張華의 《박물기博物記》에서도 말한다. "걸桀이 기와를 만들었다." 아마도 이는 곤오를 걸로 생각하고 지었을 것이다.

世本曰 昆吾作陶 張華博物記亦云桀作瓦 蓋是昆吾爲桀作也

② 灼작

색은 살펴보니 작灼은 번燔(굽다)을 이르는 것이다. 실을 태워 땔감으로 사용해서 남의 재산을 소비하는 것에 힘쓰는 사람이다.

按 灼謂燔也 燒絲以當薪 務費人也

간하는 자들은 번번이 죽이고 아첨하는 자들은 곁에 있게 했습니다. 성인들은 엎드려 숨었고 백성은 행동하지 않았습니다. 하늘은 수차 가뭄으로 식물을 말라 죽게 하고 나라에 괴이한 재앙이 많게 했습니다. 명충螟蟲이 해마다 발생하고 오곡이 익지 않았습니다. 백성은 그 처한 곳에서 편안하지 않았고 귀신은 흠향 받지 못했습니다. 회오리바람이 날마다 일어나고 대낮에도 그믐처럼 어두웠습니다. 해와 달은 함께 일식과 월식으로 없어져서 빛이 없었습니다. 여러 별이 질서가 없고 모두 기강이 단절되었습니다. 이러한 것으로 관찰해보건대 어찌 오래도록 장구長久할 수 있었겠습니까? 비록 탕왕이나 무왕이 없었더라도 그때 진실로 망하게 됩니다. 그러므로 탕왕이 걸桀을 정벌하고 무왕이 주紂를 이긴 것으로,

(하늘이) 그 시기에 그러하게 한 것입니다. 이에 천자가 되어 자손들이 대를 이었으며 종신토록 허물이 없었으니, 후세에도 일컬어져 지금까지 그치지 않았습니다. 이것은 모두 당시에 행해진 것으로 일을 만나 강하게 했기에 곧 그 제왕의 자리를 성취할 수 있었던 것입니다. 지금 거북은 큰 보배입니다. 성인의 사신이 되어 어진 왕에게 전하려고 한 것입니다. 손과 발을 사용하지 않아도 우레와 번개를 거느리고, 바람과 비를 보내서 물이 흐르는 곳으로 가게 했는데, 제후나 왕이 덕이 있어 마땅히 얻은 것입니다. 지금 왕께서는 덕이 있어 이 보배를 받는 것이 합당한 데도 감히 받지 아니할까 두렵습니다. 왕께서 만약 보내신다면 송나라에는 반드시 허물이 있고, 뒤에 비록 후회한다고 하더라도 또한 이를 길이 없을 것입니다."

諫者輒死 諛者在傍 聖人伏匿 百姓莫行 天數枯旱 國多妖祥 螟蟲[1]歲生 五穀不成 民不安其處 鬼神不享 飄風日起 正晝晦冥 日月竝蝕 滅息無光 列星奔亂 皆絶紀綱 以是觀之 安得久長 雖無湯武 時固當亡 故湯伐桀 武王剋紂 其時使然 乃爲天子 子孫續世 終身無咎 後世稱之 至今不已 是皆當時而行 見事而彊 乃能成其帝王 今龜 大寶也 爲聖人使 傳之賢(士)〔王〕 不用手足 雷電將之 風雨迗之 流水行之 侯王有德 乃得當之 今王有德而當此寶 恐不敢受 王若遣之 宋必有咎 後雖悔之 亦無及已

① 螟蟲명충

신주 명나방의 유충으로 벼잎 혹은 줄기에서 서식하며 벼잎과 줄기를 갉아 먹는다. 벼의 작황에 큰 피해를 주는 해충이다. 《한서》 〈경방전〉에서 "장마와 가물 때는 명나방 유충으로, 백성들이 굶주리고 역병에 시달리다 도적질을 참지 못해서 전과자들이 저자에 가득 찼다.[水旱螟蟲 民人飢疫 盜賊不禁 刑人滿市]"라고 했다.

원왕元王은 크게 기뻐하고 즐거웠다. 곧 원왕은 태양을 향해서 사례하여① 두 번의 절을 올리고 (신귀를) 받았다. 날을 가려 재계하니 갑甲이나 을乙이 들어 있는 날이 가장 좋다고 했다. 이에 흰 꿩을 검은 양과 함께 잡아 제단의 중앙에 거북에게 피를 들이붓고, 칼로 껍질을 벗기는데 온몸이 상처 나지 않도록 했다. 육포와 술로써 예를 올리고 그 배에 가득 채웠다. 가시나무 가지로 점치는데 반드시 그 (귀갑에) 상처를 내어② (구우면) 결③이 결과 통해서 문채가 서로 연접해 나타난다. 이에 점치는 자에게 점을 치게 하면 말하는 바가 모두 적중했다. 나라에서 귀중한 보배로 간직하니④ 이웃 나라에도 알려지게 되었다. 또 소를 죽여서 그 가죽을 취해 정나라에서 나온 오동나무에 씌우고,⑤ 풀과 나무의 특성을 구별하여 갑옷과 병기로 변화시키니, 싸우면 승리하고 공격하면 빼앗았는데 원왕과 같은 이가 없었다. 원왕 때 위평이 송宋나라의 재상이 되었다. 송나라가 가장 강력하게 된 것은 거북의 힘이었다.

元王大悅而喜 於是元王向日而謝① 再拜而受 擇日齋戒 甲乙最良 乃刑白雉 及與驪羊 以血灌龜 於壇中央 以刀剝之 身全不傷 脯酒禮之 橫其腹腸 荊支卜之 必制其創② 理③達於理 文相錯迎 使工占之 所言盡當 邦

福[④]重寶 聞于傍鄉 殺牛取革 被鄭之桐[⑤] 草木畢分 化爲甲兵 戰勝攻取 莫如元王 元王之時 衛平相宋 宋國最彊 龜之力也

① 向日而謝향일이사

색은 대개 신령하게 여겨서 하늘에 사례하고자 한 것이다. 하늘은 본디 어둡고 태양은 하늘의 광명이어서 드러내 보이는 것은 잘못된 것이 없다.

蓋欲神之以謝天也 天之質闇 日者天之光明 著見者莫過也

② 創창

정의 創의 발음은 '창瘡'이다.

音瘡

③ 理리

신주 리理는 결을 뜻한다. 즉 거북의 껍질 바탕에 커를 지으면서 나타난 무늬를 말한다.

④ 福복

집해 서광이 말했다. "福의 발음은 '부副'이다. 간직하다는 뜻이다."

徐廣曰 福音副 藏也

⑤ 牛取革被鄭之桐우취혁피정지동

집해 서광이 말했다. "소가죽과 오동나무로 북을 만든다."

徐廣曰 牛革桐爲鼓也

색은 서씨가 말했다. "소가죽과 오동나무로 북을 만든다."

徐氏云 牛革桐爲鼓

그러므로 이르기를 "신령스러운 거북이 이르러 원왕의 꿈에 나타날 수는 있었지만, 그 스스로 어부의 대그릇에서는 벗어나지 못했다. 거북이 열 번을 말해서 모두 맞출 수는 있었지만, 하수의 신에게 사신으로 통하고 돌아가 강수의 신에게는 보고할 수는 없었다. 거북의 현명함은 사람을 시켜 싸우면 승리하고 공격하면 빼앗게 할 수는 있지만, 스스로 칼끝에서 벗어나 잘리고 찔리는 근심을 면할 수는 없었다. 성스럽게도 먼저 알고 신속하게 왕의 꿈에 나타날 수는 있었지만, 위평에게 말 않도록 할 수는 없었다. 일을 말함에 백 번 다 완전했지만, 자신에 이르러서는 (그물에) 걸리고 말았다. 때를 당해 이롭지 못하다면 또 어찌 현명함을 쓰겠는가. 어진 이는 언제나 불변의 도를 가지지만 벼슬할 때는 적당히 하는 경우도 있다. 이런 까닭으로 밝은 곳에서도 보지 못한 것이 있고 들어도 듣지 못한 바가 있다. 사람이 비록 현명하더라도 왼쪽 손으로 모난 것을 그리지만, 오른쪽 손으로 둥근 것을 그리지 못할 수도 있다. 해와 달이 밝지만 때때로 떠도는 구름에 가려지기도 한다. 예羿는 이름난 사수射手지만 웅거雄渠와 봉문逢門[①]만 못했다. 우禹임금은 사리를 분별하는 지혜가 있었지만, 귀신을 이길 수는 없었다. 땅은 기둥이 꺾이고 하늘도 예부터 서까래가 없었는데,

더욱이 어찌 사람에게 완전하라 꾸짖을 수 있겠는가?"라고 했다.

故云神至能見夢於元王 而不能自出漁者之籠 身能十言盡當 不能通使於河 還報於江 賢能令人戰勝攻取 不能自解於刀鋒 免剝刺之患 聖能先知亟見 而不能令衛平無言 言事百全 至身而攣 當時不利 又焉事賢 賢者有恆常 士有適然 是故明有所不見 聽有所不聞 人雖賢 不能左畫方 右畫圓 日月之明 而時蔽於浮雲 羿名善射 不如雄渠蠭門① 禹名爲辯智 而不能勝鬼神 地柱折 天故毋椽 又柰何責人於全

① 雄渠蠭門웅거봉문

집해 《신서新序》에서 말한다. "초웅거자楚雄渠子가 밤에 길을 가다가 엎어져 있는 돌이 길에 있는 것을 보고 호랑이로 여겨서 활로 쏘았는데 시위에 응해서 깃까지 들어갔다." 《회남자》에서 말한다. "활을 쏘는 자는 봉문자逢門子의 기술을 중요하게 여겼다." 유흠劉歆의 《칠략》에는 〈봉문사법蠭門射法〉이 있다.

新序曰 楚雄渠子夜行 見伏石當道 以爲虎而射之 應弦沒羽 淮南子曰 射者重以逢門子之巧 劉歆七略有蠭門射法也

신주 봉문蠭門은 《맹자孟子》 〈이루하離婁下〉에 나오는데, "방몽逄蒙이 예羿에게 활 쏘는 법을 배웠다. 예의 기술을 다 배우고 나서 천하에 오직 예만이 자기보다 낫다고 여겨 예를 죽였다."라고 했다. 방몽逄蒙은 봉문蠭門이다.

공자孔子께서 이러한 이야기를 듣고 말했다.

"신령스러운 거북은 길하고 흉한 것을 알지만 그의 뼈는 곧바로 허공에서 말려진다.① 태양은 덕德이 되어 천하에 군림하지만 세 발 달린 까마귀에게 치욕을 당한다.② 달은 법이 되어 (태양을) 보좌하지만 두꺼비에게 먹힘을 당한다.③ 고슴도치는 (호랑이를 꼼짝 못하게 하지만) 까치에게 수모를 당한다.④ 등사騰蛇의 신령함으로도 즉저蝍蛆(지네의 일종)를 무서워한다.⑤ 대나무의 겉에는 마디와 결이 있으나 속은 텅 비어 있다. 소나무와 잣나무는 온갖 나무의 으뜸이지만 베어져 마을 문을 지키게 된다.

孔子聞之曰 神龜知吉凶 而骨直空枯① 日爲德而君於天下 辱於三足之烏② 月爲刑而相佐 見食於蝦蟆③ 蝟辱於鵲④ 騰蛇之神而殆於卽且⑤ 竹外有節理 中直空虛 松柏爲百木長 而守門閭

① 骨直空枯골직공고

집해 무릇 거북의 그 뼈는 그 안을 비우고 말린다. 직直은 어발성語發聲이다. 지금 하동에서는 또한 그렇게 한다.

凡龜其骨空中而枯也 直 語發聲也 今河東亦然

② 辱於三足之烏욕어삼족지오

신주 《회남자》 〈정신훈精神訓〉에 "태양 속에는 세 발이 달린 까마귀가 있다."라고 했다. 삼족오는 다리가 셋 달린 까마귀로 태양 속에 살고 있다는 전설이 있다.

③ 見食於蝦蟆견식어하마

신주 《회남자》에 "달은 천하를 비추는데, 두꺼비에게 침식侵蝕을 당한다.[月照天下 蝕於蟾諸]"라고 했다. 《회남자》〈설림훈說林訓〉에도 "하마蝦蟆는 섬서蟾蜍(두꺼비)이다."라고 했다. 예羿를 배신한 항아는 아름다운 모습을 잃고 두꺼비의 모습으로 변하여 달을 먹어 치우고 있다는 전설이 있다.

④ 蝟辱於鵲위욕어작

집해 곽박이 말했다. "고슴도치는 호랑이를 제재할 수 있지만, 까치를 보면 땅에 엎드린다."《회남자》〈만필萬畢〉에서 말한다. "까치가 고슴도치에게 배를 뒤집게 하는데, 고슴도치가 그의 뜻하는 것을 싫어하고 마음으로 미워하는 것이다.".

郭璞曰 蝟能制虎 見鵲仰地 淮南萬畢曰 鵲令蝟反腹者 蝟憎其意而心惡之也

⑤ 騰蛇之神而殆於卽且등사지신이태어즉저

집해 곽박이 말했다. "등사騰蛇는 용속龍屬이다. 즉저蝍蛆는 누리와 비슷하며 배가 커서 뱀의 뇌를 먹는다."

郭璞曰 騰蛇 龍屬也 蝍蛆 似蝗 大腹 食蛇腦也

집해 卽의 발음은 '질[津日反]'이고 且의 발음은 '저[則餘反]'이다. 곧 오공吳公으로 모양이 유연蚰蜒(그리마)과 같고 크며 흑색이다.

卽 津日反 且 則餘反 卽吳公也 狀如蚰蜒而大 黑色

일진日辰이 온전하지 못하기 때문에 10간干과 12지支라는 고孤와 허虛[①]가 있다. 황금에도 흠집이 있고 백옥白玉에도 티가 있다. 일에는 신속함도 있고 또한 완만함도 있다. 사물은 구속되는 것도 있고 또한 의지하는 것도 있다. 그물눈은 촘촘한 것도 있고 또한 성긴 것도 있다. 사람에게는 귀한 바도 있고 또 그렇지 못한 바도 있다. 어떤 것이 옳고 적절한 것인가? 사물이 어찌 완전할 수 있겠는가? 하늘도 오히려 온전하지 못하다. 그러므로 세상에서 집을 지을 때 기와 3장을 덜 얹고 나서 거주하여[②] 이로써 하늘에 호응한 것이다. 천하에는 계층이 있고, 사물은 완전하지 않음에도[③] 이에 살아가게 된다."

日辰不全 故有孤虛[①] 黃金有疵 白玉有瑕 事有所疾 亦有所徐 物有所拘 亦有所據 罔有所數 亦有所疏 人有所貴 亦有所不如 何可而適乎 物安可全乎 天尙不全 故世爲屋 不成三瓦而陳之[②] 以應之天 天下有階 物不全[③]乃生也

① 日辰不全 故有孤虛 일진부전 고유고허

집해 갑甲, 을乙을 일日이라고 이르고, 자子, 축丑을 진辰이라고 이른다. 육갑고허법六甲孤虛法에는 갑자甲子의 10일 안에는 술戌, 해亥가 없어 술戌, 해亥는 곧 고孤가 되고, 진辰, 사巳는 곧 허虛가 된다. 갑술甲戌의 10일 안에는 신申, 유酉가 없어 신申, 유酉는 고孤가 되고, 인寅, 묘卯는 곧 허虛가 된다. 갑신甲申의 10일 안에는 오午, 미未가 없어 오午, 미未는 고孤가 되고, 자子, 축丑은 곧 허虛가 된다. 갑오甲午의 10일 안에는 진辰, 사巳가 없어 진辰, 사巳는 고孤가 되고, 술戌, 해亥는 곧 허虛가 된다. 갑진甲

辰의 10일 안에는 인寅, 묘卯가 없어 인寅, 묘卯는 고孤가 되고, 신申, 유酉는 곧 허虛가 된다. 갑인甲寅의 10일 안에는 자子, 축丑이 없어 자子, 축丑은 고가 되고, 오午, 미未는 곧 허虛가 된다. 유흠의 《칠략》에는 〈풍후고허風后孤虛〉 20권이 있다.

甲乙謂之日 子丑謂之辰 六甲孤虛法 甲子旬中無戌亥 戌亥即爲孤 辰巳即爲虛 甲戌旬中無申酉 申酉爲孤 寅卯即爲虛 甲申旬中無午未 午未爲孤 子丑即爲虛 甲午旬中無辰巳 辰巳爲孤 戌亥即爲虛 甲辰旬中無寅卯 寅卯爲孤 申酉即爲虛 甲寅旬中無子丑 子丑爲孤 午未即爲虛 劉歆七略有風后孤虛二十卷

집해 살펴보니 세歲, 월月, 일日, 시時, 고孤, 허虛는 모두 상법上法을 터득했다.

按 歲月日時孤虛 竝得上法也

② 不成三瓦而陳之불성삼와이진지

집해 서광이 말했다. "일설에는 '집을 지어 완성하고 기와 3장을 빼내어 그것을 용마루에 얹는다.[爲屋成 欠三瓦而棟之也]'라고 한다."

徐廣曰 一云爲屋成 欠三瓦而棟之也

색은 유씨가 말했다. "진陳은 거居와 같다." 집해 주석에는 '동棟'으로 되어 있고 棟의 발음은 '동[都貢反]'이다.

劉氏云 陳猶居也 注作棟 音都貢反

집해 집을 만드는데 완성하지 않고 세 장의 기와를 빼내서 하늘에 호응하게 하는 것은 마치 늘어놓고 자리잡게 하는 것과 같은 것을 말한다.

言爲屋不成 欠三瓦以應天 猶陳列而居之

③ 物不全물부전

집해 만물과 해와 달과 하늘과 땅은 모두 완전하지 못한 것을 거북이 완전하지 못한 것에 비유한 것을 말한 것이다.

言萬物及日月天地皆不能全 喻龜之不全也

거북점을 치는 신귀

저소손褚少孫 선생이 말했다.

어부가 그물을 들어 신령한 거북을 잡자, 거북은 스스로 송나라의 원왕의 꿈에 나타나서 말했다. 원왕은 박사인 위평을 불러서 꿈에 본 거북의 형상을 알렸다. 위평이 수레의 가로나무대를 운용하여 해와 달의 위치를 정하고 저울대와 저울추를 나누고 길하고 흉한 것을 살피고 거북은 왕이 말한 물건과 색깔이 같다는 것을 점쳤다. 그리고 위평이 왕에게 간언해서 신령한 거북을 머물게 하고 국가의 귀중한 보물로 삼게 한 것은 아름다운 것이었다. 옛날에 점을 칠 때는 반드시 거북을 일컬은 것은 그 신령스러운 명성이 유래된 것이 오래되었기 때문이다. 그래서 내가 기술하여 전하는 것이다.

3월, 2월, 정월,① 12월, 11월은 가운데는 닫히고 안은 높으며 밖은 낮다.② 4월은 머리가 들리고③ 발을 펴며, 발을 오므리다가 펴기도 한다.④ 머리를 숙여 크게 이루어지는 것은⑤ 5월이다. 귀갑의 선이 가로지르면 길하다. 머리를 숙여 크게 이루어지는 것⑥은 6월, 7월, 8월, 9월, 10월이다.

점치는 것을 금지하는 날은 자子, 해亥, 술戌일인데 점을 치거나 거북을 죽여서는 안 된다. 한낮에 만일 일식이 있다면 점을 중지한다. 저물면 거북의 갑선甲線이 불분명해진다. 그래서 점을 치는 것이 불가하다.⑦

褚先生曰 漁者擧網而得神龜 龜自見夢宋元王 元王召博士衛平告以夢龜狀 平運式 定日月 分衡度 視吉凶 占龜與物色同 平諫王留神龜以爲國重寶 美矣 古者筮必稱龜者 以其令名 所從來久矣 余述而爲傳 三月 二月 正月① 十二月 十一月 中關內高外下② 四月首仰③ 足開 肣開④ 首俛大⑤ 五月 橫吉 首俛大⑥ 六月 七月 八月 九月 十月 卜禁曰 子亥戌不可以卜及殺龜 日中如食已卜 暮昏龜之徼⑦也 不可以卜

① 正月정월

정의 정월正月, 2월, 3월은 오른쪽으로 회전해 두루 돌아 12월에서 마치는 것을 말한 것이며 일월귀日月龜의 배꼽 아래 12개의 흑점黑點이 열두 달로 삼은 것이 28수귀宿龜와 같다.

言正月二月三月 右轉周環終十二月者 日月之龜 腹下十二黑點爲十二月 若二十八宿龜也

② 中關內高外下중관내고외하

정의 이 문장 등에서 아래의 '수면대首俛大'에 이르는 것은 모두 점의 조짐이 나타난 상태이다.

此等下至首俛大者 皆卜兆之狀也

③ 四月首仰사월수앙

색은 仰의 발음은 '양[魚兩反]'이다.

音魚兩反

정의 조짐으로 머리를 쳐들고 일어나는 것을 이른다.

謂兆首仰起

④ 肣開금개

색은 肣의 발음은 '금琴'이다. 금肣은 조짐으로 발이 오므려지는 것을 이른다.

音琴 肣謂兆足斂也

⑤ 首俛大수면대

색은 俛의 발음은 '면免'이다. 조짐으로 머리가 숙여지는 것이다.

俛音免 兆首伏也

⑥ 首俛大수면대

정의 俛의 발음은 '면免'이다. 조짐으로 머리가 숙여지되 크게 숙이는 것을 이른다.

俛音免 謂兆首伏而大

⑦ 徼규

색은 徼의 발음은 '규叫'이다. 뒤섞이어 엉켜서 밝지 않은 것을 이른다.

徼音叫 謂徼繞不明也

경庚일이나 신辛일에는 거북을 죽일 수 있고 귀갑을 잘라 떼어내는 일을 해도 된다. 항상 달의 초하루 아침에 거북에게 비는데[1] 먼저 맑은 물로 씻어내고 계란으로 문질러 상서롭지 못한 것을 털어낸다.[2] 이에 거북을 구워 점을 치는데, 마치 언제나 국조[3]를 그리워하듯이 엄숙히 행한다.

사람이 만일 이미 점을 쳐서 적중하지 않으면 모두 계란으로 재액을 털어내고 동쪽으로 향하여 서서 가시나무 또는 단단한 나무로 지져서 흙[4] 으로 만든 계란으로 귀갑을 세 번 가리키고[5] 귀갑을 손에 넣고 계란으로 두루 문지르며 축원해서 말한다.

"오늘은 길한 날입니다. 삼가 쌀과 계란과 제황烼黃[6] 으로 옥령玉靈의 상서롭지 못한 것들을 털어 버리고 깨끗이 했습니다. 옥령께서는 반드시 믿음과 진실로써 온갖 일들의 정으로 조짐을 판단하여 모두 옳고 그른 것을 알려 주십시오. 진실하지도 않고 정성스럽지도 않으면 옥령을 불태워 그 재를 날린 다음 거북으로 징험하겠습니다."

그 점을 치는 자는 반드시 북쪽으로 향하고 귀갑은 반드시 한 자 두 치의 것을 가지고 한다.

庚辛可以殺 及以鑽之 常以月旦祓[1]龜 先以淸水澡之 以卵祓之[2] 乃持龜而遂之 若常以爲祖[3] 人若已卜不中 皆祓之以卵 東向立 灼以荊若剛木 土[4]卵指之者三[5] 持龜以卵周環之 祝曰 今日吉 謹以粱卵烼黃[6]祓去玉靈之不祥 玉靈必信以誠 知萬事之情 辯兆皆可占 不信不誠 則燒玉靈 揚其灰 以徵後龜 其卜必北向 龜甲必尺二寸

① 祓불

색은 祓의 발음은 '폐廢' 또는 '불拂'이다. 물로써 씻어서 털고 계란으로 문지르며 축원하는 것이다.

上音廢 又音拂 拂洗之以水 雞卵摩之而呪

② 以卵祓之이란불지

집해 언제나 월초月初에 깨끗한 물로 씻고 계란으로 문지르면서 축원한다.

以常月朝清水洗之 以雞卵摩而祝之

③ 祖조

집해 서광이 말했다. "다른 판본에는 '시視'로 되어 있다."

徐廣曰 一作視

색은 조祖는 법法이다. 떳떳한 법으로 생각하는 것을 말한다.

祖 法也 言以爲常法

④ 土토

집해 서광이 말했다. "다른 판본에는 '십일十一'로 되어 있다."

徐廣曰 一作十一

색은 살펴보니 옛날에 거북을 지지는데, 살아 있는 가시나무의 가지와 살아 있는 단단한 나무를 취해서 불을 붙이고, 잘라서 거북을 사르는 것이다. 살펴보니 '토土' 자는 유씨의 설명에서 의지해 보면 마땅히 아래 구절에 이어져야 합당하다.

按 古之灼龜 取生荊枝及生堅木燒之 斬斷以灼龜 按 土字合依劉氏說當連下句

⑤ 土卵指之者三토란지지자삼

집해 점을 쳐 적중하지 않으면 흙으로 계란을 만들어 세 번을 돌리고 가리키고 세 번을 태워서 상서롭지 않은 것을 누르는 것을 말한다.

言卜不中 以土爲卵 三度指之 三周繞之 用厭不祥也

⑥ 梁卵焍黃양란제황

색은 양梁은 미米(쌀)이다. 난卵은 계란이다. 제焍는 거북을 지지는 나무인데, 焍의 발음은 '차제次第'의 '제第'이다. 가시나무 가지를 태워서 번갈아 지진다. 그러므로 제焍라고 이름하는 것이다. 제梯라고 발음하는 것은 차츰차츰 거북을 지지는데, 마치 사닥다리가 있는 것 같아서 말한 것이다. 황黃이라고 한 것은 누런 비단으로 쌀과 계란을 싸서 거북의 나쁜 기운을 털어내기 때문이다. 반드시 누런 것을 사용하는 것은 중앙의 색으로 토土를 주관한다고 믿는다. 이 때문에 계란을 사용하는 것이다.

梁 米也 卵 雞子也 焍 灼龜木也 音次第之第 言燒荊枝更遞而灼 故有焍名 一音梯 言灼之以漸 如有階梯也 黃者 以黃絹裹梁卵以祓龜也 必以黃者 中之色 主土而信 故用雞也

집해 焍의 발음은 '제題'이고 제焍는 초焦(지지다)이다. 쌀과 계란으로 거북의 상서롭지 않은 것을 털어서 제거하고 지지면서 타지 않고 누렇게 되지 않게 한다. 만약에 색이 타서 누렇게 되면 점이 맞지 않는다.

焍音題 焍 焦也 言以粱米雞卵祓去龜之不祥 令灼之不焦不黃 若色焦及黃 卜之不中也

점을 칠 때는 먼저 귀갑을 아궁이[1]에서 가시나무로 구멍이 뚫릴 때까지 굽고 구멍이 뚫리면 중지한다. 또 거북의 머리를 불로 굽는데, 각각 세 번을 한다. 다시 구멍이 뚫린 곳을 굽는 것을 정신正身이라고 하고, 머리 굽는 것을 정족正足[2]이라고 하는데 각각 세 번을 한다. 곧 부뚜막에서 귀갑을 세 번을 돌린 다음 빌면서 말한다.

"옥령부자玉靈夫子[3]께 그것(신통력)을 빌리고자 합니다. 부자옥령夫子玉靈이시여! 가시나무로 그대의 가슴을 구웠으니 명하여 앞일을 알려 주십시오. 위로는 하늘에까지 행하고 아래로는 연못에까지 행하여 모든 신령의 계책을 헤아린다 해도[4] 그대만큼 믿을 만한 게 없습니다. 오늘은 길한 날로 한결같은 좋은 점괘를 행해[5] 주십시오. 저는 어떤 일을 점치고자 합니다. 곧 길한 점괘를 얻으면 기뻐할 것이고 얻지 못하면 뉘우칠 것입니다. 곧 길한 점괘를 얻으면 (갑선甲線을) 발해서 나의 몸을 향해 길고 크게 해 주시고, 머리와 발은 모아서 모두 위로 뻗어 짝하게 해 주십시오. 얻지 못하면 (갑선을) 발해서 나의 몸을 향하여 꺾여 숙이고 속과 밖이 서로 응하지 않게 해 주시고 머리와 발은 오므리게 해 주십시오."

卜先以造[1]灼鑽 鑽中已 又灼龜首 各三 又復灼所鑽中曰正[2]身 灼首曰正足 各三 卽以造三周龜 祝曰 假之玉靈夫子[3] 夫子玉靈 荊灼而心 令而先知 而上行於天 下行於淵 諸靈數箣[4] 莫如汝信 今日良日 行[5]一良貞 某欲卜某 卽得而喜 不得而悔 卽得 發鄉我身長大 首足收人皆上偶 不得 發鄉我身挫折 中外不相應 首足滅去

① 造조

집해 서광이 말했다. "造의 발음은 '조竈'이다."

徐廣曰 音竈也

색은 造의 발음은 '조竈'이다. 조造는 가시나무를 불사르는 곳을 이른다. 형荊은 나무이다.

造音竈 造謂燒荊之處 (荊若木)

② 正정

집해 서광이 말했다. "다른 판본에는 '지止'로 되어 있다."

徐廣曰 一作止

③ 玉靈夫子옥령부자

색은 신령스러운 거북을 높여서 호칭을 지은 것이다.

尊神龜而爲之作號

④ 數筴수책

집해 서광이 말했다. "筴의 발음은 '책策'이다."

徐廣曰 音策

색은 수책數筴이다. 數의 발음은 '수[所具反]'이고 筴의 발음은 '책策'에 가깝다. 혹은 책筴은 책策의 별도 명칭이다. 이 복서卜筮의 글에 그 글자는 또한 사실을 조사해 밝힐 수가 없으니, 모두 이와 같다.

數筴 數 所具反 筴音近策 或筴是策之別名 此卜筮之書 其字亦無可覈 皆放此

⑤ 行행

집해 서광이 말했다. "행行은 다른 판본에는 '신身'으로 되어 있다."
徐廣曰 行 一作身

신령스러운 거북으로 점을 칠 때 빌어 말한다.
"신령스러운 거북께 신통력을 빌리고자 합니다. 오무五巫와 오령五靈도 신귀神龜의 신령함만 못합니다. 사람이 죽는 것을 알고 사람이 사는 것을 알게 해 주십시오. 아무개는 길한 괘를 얻어 아무개는 어떤 물건을 구하고자 합니다. 곧 얻겠거든 머리를 보이고 발을 벌리어 안과 밖이 서로 응하십시오. 곧 얻지 못하겠거든 머리를 들고 발을 모아서 안과 밖이 저절로 늘어지는 점을 얻을 수 있게 하십시오."
병이 있는 자는 점을 쳐 빌어 말한다.
"지금 아무개가 병이 들어 괴롭습니다. 죽는다면 머리를 위로 열어 안과 밖이 어긋나게 하고 몸의 마디를 꺾으십시오. 죽지 않는다면 머리를 쳐들고 발을 오므리십시오."
병든 자가 탈이 있을지 없을지를 점칠 때 빌어 말한다.
"지금의 병자가 탈이 있으면 징조를 보이지 말고 탈이 없으면 징조를 보여 주십시오. 안에 탈이 있으면 안에 징조를 보여 주시고, 바깥에 탈이 있으면 밖에 징조를 보여 주십시오."
감옥에 있는 자가 나오는지 나오지 못하는지를 점칠 때는 빌어 말한다.
"출옥하지 못한다면 횡길橫吉의 점괘로 편안하게 있게 해주시고 만약 출옥한다면 발을 벌리고 머리를 들어 징조가 밖으로 나타나게 해 주십시오."
靈龜卜祝曰 假之靈龜 五巫五靈 不如神龜之靈 知人死 知人生 某身良貞 某欲求某物 卽得也 頭見足發 內外相應 卽不得也 頭仰足肣 內外自垂 可得占 卜占病者祝曰 今某病困 死 首上開 內外交駭 身節折 不死首仰足肣 卜病者祟曰 今病有祟無呈 無祟有呈 兆有中祟有內 外祟有外 卜繫者出不出 不出 橫吉安 若出 足開首仰有外

재물을 구하는데 그 마땅히 얻어질 것인가를 점칠 때 빌어 말한다.
"얻을 수 있다면 머리를 들고 발을 벌리고 안과 밖이 서로 응해 주십시오. 곧 얻지 못한다면 징조를 드러내어 머리를 들고 발을 오므려 주십시오."
노비나 우마牛馬를 팔고 사는 것에 있어 점칠 때 빌어 말한다.
"얻을 수 있으면 머리를 들고 발을 벌리고 안과 밖이 서로 응해 주십시오. 얻지 못한다면 머리를 들고 발을 오므리는 징조를 나타내 횡길橫吉의 점괘로 편안하게 해 주십시오."
도둑이 약간 있는 어느 곳을 공격하는 일을 점칠 때 빌어 말한다.
"아무 곳이 있는데 지금 아무개 장군과 병졸들 약간 명이 가서 공격하려 합니다. 마땅히 승리할 것이라면 머리를 들고 발을 벌리고 몸을 바르게 해 안을 스스로 높게 하고 밖을 낮게 하십시오. 승리하지 못한다면 발을 오므리고 머리를 들고 몸과 머리[1]는 안을 낮게 하고 밖을 높게 하십시오."

길을 떠날 때 당연히 가야 할지 가지 말아야 할지를 점칠 때 빌어 말한다.
"가야 한다면 머리와 발을 벌리고 가지 않아야 한다면 발을 오므리고 머리를 들고 횡길橫吉의 점괘로 편안하게 해 주십시오. 편안하다면 가지 않는 것입니다."
卜求財物 其所當得 得 首仰足開 內外相應 卽不得 呈兆首仰足肸 卜有賣若買臣妾馬牛 得之 首仰足開 內外相應 不得 首仰足肸 呈兆若橫吉安 卜擊盜聚若干人 在某所 今某將卒若干人 往擊之 當勝 首①仰足開身正 內自橋 外下 不勝 足肸首仰 身首內下外高 卜求當行不行 行 首足開 不行 足肸首仰 若橫吉安 安不行

① 首수

집해 서광이 말했다. "다른 판본에는 '간簡'으로 되어 있다."
徐廣曰 一作簡

가서 도적을 공격하는데 마땅히 만날 것인지 만나지 못할 것인지를 점쳐 빌 때 말한다.
"도적을 만날 수 있다면 머리를 들고 발을 오므려 밖으로 하고, 만나지 못할 것이면 발을 벌리고 머리를 들어 주십시오."
도적의 동정을 살피러 가서 도적들을 볼 것인지 보지 못할 것인지를 점칠 때 빌어 말한다.

"도적들을 볼 수 있으면 머리를 들고 발을 오므리고 모아 올려서 밖으로 하고, 만나보지 못하면 발을 벌리고 머리를 드십시오."
도적이 일어났는데 쳐들어올 것인지 오지 않을 것인지를 점칠 때 빌어 말한다.
"도적이 쳐들어온다면 밖을 높이고 안을 낮게 하고 발을 오므리고 머리를 드십시오. 쳐들어오지 않는다면 발을 벌리고 머리를 들어 횡길의 점괘로 편안하게 해 주시면 이를 기약으로 스스로 다음에 어떻게 할 것인지를 정하겠습니다."
관직이 옮겨질 때 관직을 그만둘 것인지 떠나지 않을 것인지를 점칠 때 빌어 말한다.
"관직을 떠날 것이면 발을 벌렸다가 오므리고 밖으로는 머리를 들고, 떠나지 않거나 스스로 떠나야 한다면 곧 발을 오므리거나 횡길의 징조를 보여 편안하게 해 주십시오."
관직에 있는 것이 길한지 그렇지 않은지를 점칠 때 빌어 말한다.
"있는 것이 길하면 몸을 바르게 한 징조를 나타내시고 횡길의 징조로 편안하게 해 주십시오. 길하지 않다면 신체의 마디를 꺾고 머리를 들고 발을 벌려 주십시오."
卜往擊盜 當見不見 見 首仰足肣有外 不見 足開首仰 卜往候盜 見不見 見 首仰足肣 肣勝有外 不見 足開首仰 卜聞盜來不來 來 外高內下 足肣首仰 不來 足開首仰 若橫吉安 期之自次 卜遷徙去官不去 去 足開有肣外首仰 不去 自去 卽足肣 呈兆若橫吉安 卜居官尙吉不 吉 呈兆身正 若橫吉安 不吉 身節折 首仰足開

집에 있는 것이 길한지 그렇지 않은지를 점칠 때 빌어 말한다.
"집에 있는 것이 길하면 몸을 바르게 한 징조를 나타내시고 횡길의 징조로 편안하게 해 주십시오. 길하지 않다면 신체의 마디를 꺾고 머리를 들고 발을 벌려 주십시오."
한 해의 곡식이 잘 익을지 익지 않을지를 점칠 때 빌어 말한다.
"곡식이 잘 여문다면 머리를 들고 발을 벌리며 안팎을 스스로 높였다가 밖을 스스로 늘어뜨리십시오. 잘 익지 않는다면 발을 오므리고 머리를 쳐들어 밖에 있게 하십시오."
한 해에 역병이 있을지 없을지를 점칠 때 빌어 말한다.
"역병이 있다면 머리를 들고 발을 오므리며 몸의 마디가 굳어지는 것을 밖으로 보이십시오. 역병이 없다며 몸을 바르게 하고 머리를 들고 발을 벌리십시오."
한 해에 전쟁이 있는지 전쟁이 없는지를 점칠 때 빌어 말한다.
"전쟁이 없다면 횡길의 징조를 나타내어 편안하게 해 주십시오. 전쟁이 있다면 머리를 들고 발을 벌리고 몸을 일으켜 밖으로 강력한 심기를 보이십시오."
귀인貴人을 만나면 길한지 불길한지를 점칠 때 빌어 말한다.
"귀인을 만나서 길하면 발을 벌리고 머리를 들고 몸을 바르게 해 안이 저절로 높아지게 하십시오. 불길하다면 머리를 들고 몸의 마디를 굽히고 발을 오므려 밖으로 두고 어부가 없는 것처럼 하십시오."
卜居室家吉不吉 吉 呈兆身正 若橫吉安 不吉 身節折 首仰足開 卜歲中禾稼孰不孰 孰 首仰足開 內外自橋外自垂 不孰 足肣首仰有外 卜歲中

民疫不疫 疫 首仰足肣 身節有彊外 不疫 身正首仰足開 卜歲中有兵無兵 無兵 呈兆若橫吉安 有兵 首仰足開 身作外彊情 卜見貴人吉不吉 吉 足開首仰 身正 內自橋 不吉 首仰 身節折 足肣有外 若無漁

남에게 청탁할 때 얻을 수 있는지 없는지를 점칠 때 빌어 말한다.
"얻는다면 머리를 들고 발을 벌리고 안이 저절로 높아지게 하십시오. 얻을 수 없다면 머리를 들고 발을 오므리고 밖으로 나타나게 하십시오."
도망자를 추격하여 잡을 수 있을지 없을지를 점칠 때 빌어 말한다.
"잡을 수 있다면 머리를 들고 발을 오므리고 안과 밖이 서로 응하게 하십시오. 잡을 수가 없다면 머리를 들고 발을 벌리며 횡길의 징조로 편안하게 해 주십시오."
물고기를 잡고 사냥에서 얻는 것이 있는지 없는지를 점칠 때 빌어 말한다.
"얻는 것이 있다면 머리를 들고 발을 벌리고 안과 밖이 서로 응하게 하십시오. 얻는 것이 없다면 발을 오므리고 머리를 들고 횡길의 징조로 편안하게 해 주십시오."
집을 나가서 도적을 만날 것인지 만나지 않을 것인지를 점칠 때 빌어 말한다.
"도적을 만나는 것이 있다면 머리를 들고 발을 벌리고 신체의 마디를 굽히고 밖을 높이고 안을 낮추십시오. 만나지 않을 것이라면 징조를 나타내 주십시오."

하늘이 비를 내릴 것인지 내리지 않을 것인지를 점칠 때 빌어 말한다.

"비를 내린다면 머리를 들고 밖으로 드러내고 밖을 높이고 안을 낮추십시오. 내리지 않는다면 머리를 들고 발을 벌리고 횡길의 징조를 나타내어 편안하게 해 주십시오."

비가 갤 것인지 개지 않을 것인지를 점칠 때 빌어 말한다.

"비가 갤 것이면 발을 벌리고 머리를 들고 징조를 나타내고, 개지 않을 것이라면 횡길橫吉의 징조를 나타내십시오."

卜請謁於人得不得 得 首仰足開 內自橋 不得 首仰足肣有外 卜追亡人當得不得 得 首仰足肣 內外相應 不得 首仰足開 若橫吉安 卜漁獵得不得 得 首仰足開 內外相應 不得 足肣首仰 若橫吉安 卜行遇盜不遇 遇 首仰足開 身節折 外高內下 不遇 呈兆 卜天雨不雨 雨 首仰有外 外高內下 不雨 首仰足開 若橫吉安 卜天雨霽不霽 霽 呈兆足開首仰 不霽 橫吉

제
四
장

귀갑의 징조에 따른 점괘

신주 이 장은 저소손이 조상兆象을 보고 길흉을 판단하는 내용이다. 그러나 복선卜線의 방향方向 및 장단長短, 광협廣狹 등, 귀갑龜甲의 상태에 관한 것만 아니라 횡길안橫吉安, 정조呈兆 등 점사占辭 등을 자세하게 설명해놓지는 않았다. 그래서 이 문장만 가지고는 점에 대한 내용을 판단하기에는 어려움이 있다. 이 때문에 《색은》에서 "그 사실을 서술한 것이 번거롭고 거칠며 소략하거나 대략적이어서 취할만한 것이 없다."고 비판하고 정의에서도 "언사言辭가 모조리 비루하니 태사공의 본뜻은 아닐 것이다."라고 했을 것이다. 그러나 그가 이 장에서 고대에 점치는 방법이나 그 해석하는 방법을 자세하게 써놓은 것은 고대인들의 사상이나 그 시대상을 해석하는데 큰 도움을 준다.

(조상兆象를 보고 판단하는 말에는) 명命하여 '횡길안橫吉安'(횡길하여 편안하다)이라고 한다. 횡길안이라고 병을 점쳤으면 병이 심한 사람도 하룻날에는 죽지 않는다. 심하지 않은 자는 점친 날에 병이 낫고 죽지 않는다. 옥에 갇힌 자에 무거운 죄는 출옥하지 못하고 가벼운 죄는

출옥한다. 그런데 점지한 날이 지나도록 나오지 못하고 오래 있더라도 상하는 일이 없다. 재물을 구하거나 노예와 우마牛馬를 매매하는 데는 점지한 날 안으로 얻을 수가 있으나 점지한 날이 지나면 얻지 못한다.

길을 떠나는 자는 가지 않아야 한다. 오는 자는 쳇바퀴처럼 돌아서 이른다. 밥 먹을 때가 지나도 이르지 않는 자는 오지 않는다. 도적을 공격하는 데는 가지 않아야 한다. 가면 도적을 만나지 못한다. 도적이 일어났다는 소문이 들려도 오지는 않는다. 관직을 옮겨가는 자는 옮겨가지 않는다. 관직에 있든 집에 있든 모두 길하다. 한 해의 농사는 곡식이 잘 익지 않는다. 백성에게는 역병이 발생히지 않는다. 힌 해 안에는 전쟁이 없다. 사람을 만나보러 가는데 가지 않으면 기쁘지 않다. 남에게 청탁하러 가지 않으면 얻지 못한다.

도망자를 추격하거나 고기잡이나 사냥 가면 얻지 못한다. 갈 길을 가도 도적을 만나지 않는다. 비가 내릴 것인지 내리지 않을 것인지는 내리지 않는다. 날씨가 갤 것인지 개지 않을 것인지는 개지 않는다.

命曰橫吉安 以占病 病甚者一日不死 不甚者卜日瘳 不死 繫者重罪不出 輕罪環出 過一日不出 久毋傷也 求財物買臣妾馬牛 一日環得 過一日不得 (不得)行者不行 來者環至 過食時不至 不來 擊盜不行 行不遇 聞盜不來 徙官不徙 居官家室皆吉 歲稼不孰 民疾疫無疾 歲中無兵 見人行 不行不喜 請謁人不行不得 追亡人漁獵不得 行不遇盜 雨不雨 霽不霽

명命하여 '정조呈兆'(징조를 드러내다)라고 한다. 곧 징조를 드러내면 병이 든 자는 죽지 않는다. 감옥에 있는 자는 석방된다. 길을 가는 자는 길을 간다. 오는 자는 오게 된다. 시장에서 구매하는 것은 얻는다. 도망자를 추격하면 잡는데 하룻날을 지나면 잡지 못한다. 길을 갈지 말지 하는 자는 가지 못한다.

명命하여 '주철柱徹'(기둥이 서 있다)이라고 한다. 주철일 때는 병자를 점친 경우 죽지 않는다. 감옥에 있는 자는 출옥한다. 가야 할 자는 간다. 오려는 자는 온다. 시장에서 구매할 것은 얻지 못한다. 근심하는 자는 근심이 없어진다. 도망자를 추격하는 자는 잡지 못한다.

명하여 '수앙족금유내무외首仰足肣有內無外'(머리를 들고 발을 오므리고 안은 변화가 있으나 밖은 변화가 없다)라고 한다. 질병을 점치면 병이 심해도 죽지 않는다. 감옥에 있는 자는 풀려난다. 재물을 구하거나 노예①와 우마牛馬를 구매하려는 자는 얻지 못한다. 길을 가야 할 자는 이 명을 들으면 길을 떠나지 않는다. 돌아올 자는 오지 않는다. 도적이 온다는 소문이 있더라도 도적은 오지 않는다. 누군가가 온다는 말을 들었어도 이르지 않는다. 관직을 옮기는 자는 옮긴다는 말을 들었어도 옮기지 않는다. 관직에 있으면 근심이 있고 집에 있으면 재앙이 많다. 한 해 안에 벼는 알맞게 풍년이 든다. 백성이 질병이나 역병에 많이 걸린다. 한 해 안에 병란이 있다고 소문만 들리고 일어나지는 않는다. 귀인을 만나보면 길하다. 청탁해도 이루어지지 않고 행해져도 좋은 말을 듣지 못한다. 도망자를 추격해도 잡지 못한다. 고기잡이나 사냥에서 잡는 것이 없다.

길을 가도 도적을 만나지는 않는다. 비가 올 것인지 오지 않을 것인지는 그다지 오지 않는다. 갤 것인지 개지 않을 것인지는 개지 않는다. 그러므로 막莫자는 모두 수비首備라고 한 것이다. 이를 복관에게 물으니 말하기를 비備는 '앙仰'(우러러보다)이다. 그러므로 우러러보는 것으로 생각해서 '앙仰'으로 정해서 해석했다. 이것은 개인적인 기록이다.

命曰呈兆 病者不死 繫者出 行者行 來者來 市買得 追亡人得 過一日不得 問行者不到 命曰柱徹 卜病不死 繫者出 行者行 來者來 (而)市買不得 憂者毋憂 追亡人不得 命曰首仰足肣有內無外 占病 病甚不死 繫者解 求財物買臣妾[①]馬牛不得 行者聞言不行 來者不來 聞盜不來 聞言不至 徙官聞言不徙 居官有憂 居家多災 歲稼中孰 民疾疫多病 歲中有兵 聞言不開 見貴人吉 請謁不行 行不得善言 追亡人不得 漁獵不得 行不遇盜 雨不雨甚 霽不霽 故其莫字皆爲首備 問之曰 備者仰也 故定以爲仰 此私記也

① 臣妾신첩

신주 본래 신臣은 글자 모양이 굴복하고 있는 모양[象屈服之形]으로, 고대에는 전쟁 포로, 남자 노예를 가리켰다. 첩妾 또한 고대에 신분이 천한 여자를 가리키는 말로 여자 노예를 첩妾이라 했다. 이 때문에 신첩臣妾은 천역賤役을 하는 남녀 노예의 총칭으로 쓰이다가 후대에는 미천한 사람, 또는 겸칭謙稱으로 쓰이는 말로 변천한 것이다.

명命하여 '수앙족금유내무외首仰足肣有內無外'(머리를 들고 발을 오므리고 안은 변화가 있고 밖은 변화가 없다)라고 한다. 이것은 병을 점쳐 이 점괘가 나오면 병이 심해도 죽지 않는다. 감옥에 갇혀 있는 자는 나오지 못한다. 재물을 구하거나 노예를 구매하더라도 찾지 못한다. 길을 가는 자는 가지 않는다. 오는 자는 오지 않는다. 도적을 공격하는 자는 만나지 못한다. 도적이 온다는 소문을 듣고 안으로 스스로 놀라지만 오지는 않는다. 관직을 옮겨도 옮겨가지 않는다. 관직에 있거나 집에 있어도 길하다. 한 해의 농사는 풍년이 들지 않는다. 백성은 질병이나 역병이 매우 심하게 있다. 한 해 안에는 병란이 없다. 귀인을 만나면 길하다. 청탁해도 얻지 못하고 도망자를 추격해도 잡지 못한다. 재물을 잃는 경우 재물은 내지 않고도 되찾는다. 고기잡이나 사냥을 나가도 잡지 못한다. 길을 가도 도둑을 만나지는 않는다. 비가 올지에는 비가 내리지 않는다. 날이 갤지에는 개이지 않는다. 길흉에는 흉하다.

명命하여 '정조수앙족금呈兆首仰足肣'(징조를 보이고 머리를 들고 발을 오므린다)이라고 한다. 병을 점치면 죽지 않는다. 감옥에 갇혀 있는 자는 출옥하지 못한다. 재물을 구하거나 노예와 우마牛馬를 매매하는 것이 성사되지 않는다. 길을 가는 자는 가지 않는다. 오는 자는 오지 않는다. 도적을 공격하려 하지만 서로 만나지 못한다. 도적이 온다는 소문이 있지만 오지는 않는다. 관직을 옮기려 해도 옮겨가지 않는다. 관직에서 오래 있으면 근심이 많다. 집에 있는 것도 길하지 않다. 한 해의 농사는 흉년이 든다. 백성에게는 역병이 많다. 한 해 안에는 병란이 없다. 귀인을 만나도 길하지 않다.

청탁해도 얻지 못한다. 고기잡고 사냥해도 잡은 것이 적다. 길을 가더라도 도적을 만나지 않는다. 비는 내리지 않는다. 날씨도 개지는 않는다. 길흉으로는 길하지 않다.

命曰首仰足肹有內無外 占病 病甚不死 繫者不出 求財買臣妾不得 行者不行 來者不來 擊盜不見 聞盜來 內自驚 不來 徙官不徙 居官家室吉 歲稼不孰 民疾疫有病甚 歲中無兵 見貴人吉 請謁追亡人不得 亡財物 財物不出得 漁獵不得 行不遇盜 雨不雨 霽不霽 凶 命曰呈兆首仰足肹 以占病 不死 繫者未出 求財物買臣妾馬牛不得 行不行 來不來 擊盜不相見 聞盜來不來 徙官不徙 居官久多憂 居家室不吉 歲稼不孰 民病疫 歲中毋兵 見貴人不吉 請謁不得 漁獵得少 行不遇盜 雨不雨 霽不霽 不吉

명命하여 '정조수앙족개呈兆首仰足開'(징조가 보이되 머리를 들고 발을 벌린다)라고 한다. 병을 점치면 병이 위독하여 죽는다. 감옥에 갇혀 있는 자는 출옥한다. 재물을 구하거나 노예와 우마牛馬를 매매하는데 성사되지 않는다. 길을 가는 자는 가게 되고, 오는 자는 오게 된다. 도적을 공격해도 도적을 만나지 못한다. 도적이 온다는 소문이 들려도 오지는 않는다. 관직을 옮기려면 옮겨진다. 관직에 있어도 오래 있지 못한다. 집안에 거처하면 길하지 않다. 해마다 농사는 흉년이 든다. 백성에게는 질병이나 돌림병이 조금 있다. 한 해 안에는 병란이 없다. 귀인을 만나는 것보다 만나지 않는 것이 길하다. 청탁하고 도망자를 추격하고 고기를 잡고 사냥을 하는 데 얻지 못한다. 길을 가면 도적을 만난다. 비는 오지 않는다.

날씨가 개이고 길흉으로는 조금은 길하다.

명命하여 '수앙족금首仰足肣'(머리를 들고 발을 오므린다)이라고 한다. 질병을 점치면 죽지 않는다. 감옥에 있는 자는 오래 있어도 상하지 않는다. 재물을 구하거나 노예와 우마牛馬를 매매해도 성사되지 않는다. 길을 가는 자는 가지 못한다. 도적을 공격하러 가지 않는다. 오는 자는 올 것이다. 도적이 온다는 소문을 들리면 온다. 관직을 옮긴다는 소문은 있지만 옮겨가지는 않는다. 집에 있어도 길하지 않다. 한 해의 농사는 흉년이 든다. 백성에게 질병이나 돌림병이 적다. 한 해 안에는 병란이 없다. 귀인을 만나게 된다. 청탁하고 도망자를 추격하고 물고기를 잡고 사냥을 하는 데 얻지 못한다. 길을 가면 도적을 만난다. 비는 오지 않는다. 날은 개지 않는다. 길흉으로는 길하다.

命曰呈兆首仰足開 以占病 病篤死 繫囚出 求財物買臣妾馬牛不得 行者行 來者來 擊盜不見盜 聞盜來不來 徙官徙 居官不久 居家室不吉 歲稼不孰 民疾疫有而少 歲中毋兵 見貴人不見吉 請謁追亡人漁獵不得 行遇盜 雨不雨 霽小吉 命曰首仰足肣 以占病 不死 繫者久 毋傷也 求財物買臣妾馬牛不得 行者不行 擊盜不行 來者來 聞盜來 徙官聞言不徙 居家室不吉 歲稼不孰 民疾疫少 歲中毋兵 見貴人得見 請謁追亡人漁獵不得 行遇盜 雨不雨 霽不霽 吉

명命하여 '수앙족개유내首仰足開有內'(머리를 들고 발을 벌리고 안은 변화가 있다)라고 한다. 병자를 점치면 죽게 된다. 갇혀 있는 자는 출옥한다. 재물을 구하거나 노예와 우마牛馬를 매매해도 성사되지 않는다. 길을 가는 자는 간다. 오는 자는 온다. 도적을 공격하러 가더라도 도적을 만나지 못한다. 도적이 온다는 소문이 있지만 오지는 않는다. 관직을 옮기려면 옮겨간다. 관직에 있지만 오래하지는 못한다. 집에 있는 것은 길하지 않다. 그 해는 풍년이 든다. 백성에게 질병이나 돌림병은 적다. 한 해 안에 병란은 없다. 귀인을 만나더라도 길하지 않다. 청탁하지만 얻지 못하고 도망자를 추격하고 고기를 잡고 사냥을 하는 데 잡지 못한다. 길을 가더라도 도적을 만나지 않는다. 비는 갠다. 비가 개면 조금 길하고 개지 않으면 길하다.

명命하여 '횡길내외자교橫吉內外自橋'(횡길하고 안과 밖이 저절로 높아진다)라고 한다. 병을 점치면 점을 친 날에 낫지 않고 죽는다. 갇혀 있는 자는 죄가 없어 출옥한다. 재물을 구하고 노예나 우마牛馬를 매매하는 것이 성사된다. 길을 가는 자는 간다. 오는 자는 온다. 도적을 공격하는 데 서로의 힘이 동등하다. 도적이 온다는 소문이 들리면 온다. 관직을 옮기면 옮겨간다. 집에 있는 것이 길하다. 한 해의 곡식은 풍년이 든다. 백성은 역병이 돌지 않는다. 한 해에는 병란이 없다. 귀인을 만나서 청탁을 하면 얻는다. 도망자를 추격하고 물고기를 잡고 사냥을 하는 데 수확을 얻는다. 길을 가면 도적을 만난다. 비는 갠다. 비가 개면 크게 길하다.

명命하여 '횡길내외자길橫吉內外自吉'(횡길하여 안과 밖이 저절로 길하게 된다)이라고 한다. 병자를 점치면 병자는 죽는다. 갇혀 있는 자는 출옥하지 못한다. 재물을 구하거나 노예와 우마牛馬를 매매하는 것은 성사되지 않는다. 도망자를 추격하고 고기를 잡고 사냥을 하는 것은 잡지 못한다. 길을 가는 자는 오지 못한다. 도적을 추격해도 서로 만나지 못한다. 도적이 온다는 소문이 있어도 오지는 않는다. 관직을 옮기면 옮겨간다. 관직에 있게 되더라도 근심이 있다. 집에 있거나 귀인을 만나거나 청탁을 하는 것은 길하지 못하다. 한 해의 농사는 흉년이 든다. 백성은 전염병을 앓는다. 한 해 안에는 병란이 없다. 길을 가도 도적을 만나지 않는다. 비는 내리지 않는다. 날은 개지 않는다. 길흉으로는 불길하다.

命曰首仰足開有內 以占病者 死 繫者出 求財物買臣妾馬牛不得 行者行 來者來 擊盜行不見盜 聞盜來不來 徙官徙 居官不久 居家室不吉 歲孰 民疾疫有而少 歲中毋兵 見貴人不吉 請謁追亡人漁獵不得 行不遇盜 雨霽 霽小吉 不霽吉 命曰橫吉內外自橋 以占病 卜日毋瘳死 繫者毋罪出 求財物買臣妾馬牛得 行者行 來者來 擊盜合交等 聞盜來來 徙官徙 居家室吉 歲孰 民疫無疾 歲中無兵 見貴人請謁追亡人漁獵得 行遇盜 雨霽 雨霽大吉 命曰橫吉內外自吉 以占病 病者死 繫不出 求財物買臣妾馬牛追亡人漁獵不得 行者不來 擊盜不相見 聞盜不來 徙官徙 居官有憂 居家室見貴人請謁不吉 歲稼不孰 民疾疫 歲中無兵 行不遇盜 雨不雨 霽不霽 不吉

명命하여 '어인漁人'(사람을 잡다)이라고 한다. 이 점괘로 병자를 점치면 병은 심해도 죽지는 않는다. 갇혀 있는 자는 출옥한다. 재물을 구하거나 노예와 우마를 매매하거나 도적들을 공격하거나 청탁을 하거나 도망자를 추격하거나 물고기를 잡고 사냥을 하는 것은 소득을 얻는다. 가는 자는 가고 오는 자는 온다. 도둑이 온다는 소문이 들려도 오지 않는다. 관직이 옮겨도 옮겨지지 않는다. 집에 있으면 길하다. 한 해의 농사는 흉년이 든다. 백성은 역병을 앓는다. 한 해 안에는 병란이 없다. 귀인을 만나면 길하다. 길을 가면 도적을 만난다. 비는 오지 않는다. 날은 개지 않는다. 길흉으로는 길하다.

명命하여 '수앙족금내고외하首仰足肣內高外下'(머리를 들고 발을 오므리고 안을 높이고 밖을 낮춘다)라고 한다. 이 점괘로 병을 점치면 병자는 병이 심해도 죽지는 않는다. 갇혀 있는 자는 출옥하지 못한다. 재물을 구하거나 노예와 우마牛馬를 매매하거나 도망자를 추격하거나 고기를 잡고 사냥을 하는 것은 수확을 얻는다. 길을 가는 자는 가지 못한다. 오는 자는 온다. 도적을 공격하면 승리한다. 관직을 옮겨도 옮겨지지 않는다. 관직에 있으면 근심이 있으나 손상은 없다. 집에 있으면 근심과 병이 많다. 한 해는 크게 풍년이 든다. 백성은 돌림병을 앓는다. 한 해 안에 병란이 있어도 쳐들어오지는 않는다. 귀인을 만나거나 청탁을 하는 것은 길하지 못하다. 길을 가면 도적을 만난다. 비는 오지 않는다. 날은 개지 않는다. 길흉으로는 길하다.

命曰漁人 以占病者 病者甚 不死 繫者出 求財物買臣妾馬牛擊盜請謁

追亡人漁獵得 行者行來 聞盜來不來 徙官不徙 居家室吉 歲稼不孰 民疾疫 歲中毋兵 見貴人吉 行不遇盜 雨不雨 霽不霽 吉 命曰首仰足肣內高外下 以占病 病者甚 不死 繫者不出 求財物買臣妾馬牛追亡人漁獵得 行不行 來者來 擊盜勝 徙官不徙 居官有憂 無傷也 居家室多憂病 歲大孰 民疾疫 歲中有兵不至 見貴人請謁不吉 行遇盜 雨不雨 霽不霽 吉

명命하여 '횡길상유앙하유주橫吉上有仰下有柱'(횡길하여 위로는 우러르고 아래로는 버팀이 있다)라고 한다. 이 점괘로 점을 치면 질병이 오래되어도 죽지 않는다. 갇혀 있는 자는 출옥하지 못한다. 재물을 구하거나 노예와 우마牛馬를 매매하거나 도망자를 추격하거나 물고기를 잡고 사냥을 하는 것은 소득이 없다. 길을 가는 것은 가지 않는다. 오는 자도 오지 않는다. 도적을 공격하러 가지 않는다. 가도 만나지 못한다. 도적이 온다는 소문이 있어도 오지는 않는다. 관직이 옮겨져도 옮겨지지는 않는다. 집에 있거나 귀인을 만나는 것은 길하다. 한 해는 풍년이 든다. 백성이 전염병을 앓는다. 한 해 안에는 병란은 없다. 길을 가도 도적을 만나지 않는다. 비는 내리지 않는다. 날은 개지 않는다. 크게 길하다.

명命하여 '횡길유앙橫吉楡仰'(횡길하고 흔들면서 우러러본다)이라고 한다. 이 괘로는 병든 자를 점치면 죽지 않는다. 갇혀 있는 자는 출옥하지 못한다. 재물을 구하거나 노예와 우마牛馬를 매매하는 데 얻지 못하는 것에 이른다. 길을 가는 자는 가지 못한다. 오는 자는 오지 못한다. 도적을 공격하러 가지 않는다. 가도 만나지 못한다.

도적이 온다는 소문이 들려도 오지 않는다. 관직을 옮기려해도 옮겨지지 않는다. 집에 있거나 귀인을 보는 것은 길하다. 한 해는 풍년이 든다. 한 해 안에 돌림병과 질병이 있고 병란은 없다. 청탁하거나 도망자를 추격하지만 얻지 못한다. 고기를 잡고 사냥을 하는 것도 얻지 못함에 이른다. 길을 가도 얻지 못한다. 길을 가도 도둑을 만나지 않는다. 비가 갤 듯하면서도 개지 않는다. 길흉으로는 조금 길하다.

명命하여 '횡길하유주橫吉下有柱'(횡길하고 밑으로 버티는 것이 있다)라고 한다. 이 괘로는 병자를 점치면 병자는 병이 심고 곧 낫지는 않더라도 죽지는 않는다. 갇혀 있는 자는 출옥한다. 재물을 구하거나 노예와 우마를 매매하거나 청닥하거나 도망사를 추격하서나 물고기를 잡고 사냥을 하는 데 소득이 없다. 가고 오는 자가 오지 않는다. 도적을 공격하는 것은 합당하지 않다. 도적이 온다는 소문이 들리면 도둑이 온다. 관직을 옮기고서 관직에 있으면 길하나 오래되지 못한다. 집에 거처하면 불길하다. 한 해의 농사는 흉년이 든다. 백성에게 돌림병이나 질병이 없다. 한 해 안에는 병란이 없다. 귀인을 만나면 길하다. 길을 가도 도적을 만나지 않는다. 비는 내리지 않는다. 날은 갠다. 조금 길하다.

命曰橫吉上有仰下有柱 病久不死 繫者不出 求財物買臣妾馬牛追亡人漁獵不得 行不行 來不來 擊盜不行 行不見 聞盜來不來 徙官不徙 居家室見貴人吉 歲大孰 民疾疫 歲中毋兵 行不遇盜 雨不雨 霽不霽 大吉 命曰橫吉榆仰 以占病 不死 繫者不出 求財物買臣妾馬牛至不得 行不行 來不來 擊盜不行 行不見 聞盜來不來 徙官不徙 居官家室見貴人吉 歲

孰 歲中有疾疫 毋兵 請謁追亡人不得 漁獵至不得 行不得 行不遇盜 雨霽不霽 小吉 命曰橫吉下有柱 以占病 病甚不環有瘳無死 繫者出 求財物買臣妾馬牛請謁追亡人漁獵不得 行來不來 擊盜不合 聞盜來來 徙官居官吉 不久 居家室不吉 歲不孰 民毋疾疫 歲中毋兵 見貴人吉 行不遇盜 雨不雨 霽 小吉

명命하여 '재소載所'(거처에 오른다)라고 한다. 이 점괘로는 병자를 점치면 완쾌되어 죽지 않는다. 갇혀 있는 자들은 출옥한다. 재물을 구하거나 노예와 우마牛馬를 매매하거나 청탁하거나 도망자를 추격하거나 물고기를 잡고 사냥을 하는 데 수확이 있다. 길을 가는 자는 가고 오는 자도 온다. 도적을 공격하고 서로 만나보는 것은 서로 합당하지 않다. 도둑이 온다는 소문이 들리면 쳐들어온다. 관직을 옮기면 옮겨간다. 집에 거처하면 근심이 있다. 귀인을 만나면 길하다. 한 해의 농사는 풍년이 든다. 백성은 돌림병을 앓지 않는다. 한 해 안에는 병란이 없다. 길을 떠나도 도적을 만나지 않는다. 비는 내리지 않는다. 날은 갠다. 길하다.

명命하여 '근격根格'(뿌리가 이르다)이라고 한다. 이 점괘로는 병자를 점치면 죽지 않는다. 갇혀 있는 것이 오래되어도 상하지 않는다. 재물을 구하거나 노예와 우마牛馬를 매매하거나 청탁을 하거나 도망자를 추격하거나 물고기를 잡고 사냥을 하는 것은 소득이 없다. 길을 가는 자는 가지 못한다. 오는 자도 오지 못한다. 도둑을 공격하는데 도둑들이 길을 돌아다녀도 싸움에는 이르지 않는다.

도둑이 온다는 소문이 들려도 오지는 않는다. 관직을 옮겨도 옮겨가지 않는다. 집안에 거처하면 길하다. 한 해의 농사는 알맞다. 백성에게 돌림병이 있어도 죽지는 않는다. 귀인을 만나보려 해도 만날 수가 없다. 길을 가도 도둑을 만나지 않는다. 비는 오지 않는다. 불길하다.

命曰載所 以占病 環有瘳無死 繫者出 求財物買臣妾馬牛請謁追亡人漁獵得 行者行 來者來 擊盜相見不相合 聞盜來來 徙官徙 居家室憂 見貴人吉 歲孰 民毋疾疫 歲中毋兵 行不遇盜 雨不雨 霽霽 吉 命曰根格 以占病者 不死 繫久毋傷 求財物買臣妾馬牛請謁追亡人漁獵不得 行不行 來不來 擊盜盜行不合 聞盜不來 徙官不徙 居家室吉 歲稼中 民疾疫無死 見貴人不得見 行不遇盜 雨不雨 不吉

명命하여 '수앙족금외고내하首仰足肣外高內下'(머리를 들고 발을 오므리고 밖으로는 높고 안으로는 낮다)라고 한다. 이 점괘로 점을 치면 근심은 있으나 손상은 없다. 길을 떠난 자가 오지 않는다. 질병이 오래되면 죽는다. 재물을 구해도 얻지 못한다. 귀인을 만나면 길하다.

명命하여 '외고내하外高內下'(밖으로는 높고 안으로는 낮다)라고 한다. 이 점괘로 병자를 점치면 죽지는 않지만 재앙은 있다. 사고파는 것은 성사되지 않는다. 관직이나 집에 있으면 길하지 못하다. 길을 가는 자는 가지 못한다. 오는 자도 오지 않는다. 갇혀 있는 자는 오래 있어도 상하는 일이 없다. 길흉으로는 길하다.

명命하여 '두견족발유내외상응頭見足發有內外相應'(머리가 보이고 발을 벌리고 안과 밖이 서로 응하는 것이 있다)이라고 한다. 이 괘로 병자를 점치면 일어난다. 갇혀 있는 자는 출옥한다. 길을 가는 자는 가게 된다. 오는 자도 돌아온다. 재물을 구하면 얻는다. 길흉으로는 길하다.

명命하여 '정조수앙족개呈兆首仰足開'(징조가 나타나고 머리를 들고 발을 벌린다)라고 한다. 이 괘로 병자를 점치면 병이 심하여 죽는다. 갇혀 있는 자는 출옥하나 근심이 있다. 재물을 구하거나 노예와 우마牛馬를 매매하거나 청탁하거나 도망자를 추격하거나 물고기를 잡고 사냥을 하는 데 소득이 없다. 길을 떠나는 자는 가지 않는다. 오는 자는 돌아오지 않는다. 도적을 공격해도 싸우지 않는다. 도적이 온다는 소문이 있으면 온다. 관직을 옮기거나 관직에 있거나 집에 있는 것은 길하지 못하다. 그 해는 흉년이 든다. 백성은 역병을 앓지만 죽지는 않는다. 한 해 안에 병란은 없다. 귀인을 만나면 길하지 못하다. 길을 떠나도 도적을 만나지 않는다. 비는 내리지 않는다. 날이 갠다. 길흉으로는 길하다.

命曰首仰足肣外高內下 卜有憂 無傷也 行者不來 病久死 求財物不得 見貴人者吉 命曰外高內下 卜病不死 有祟 (而)市買不得 居官家室不吉 行者不行 來者不來 繫者久毋傷 吉 命曰頭見足發有內外相應 以占病者 起 繫者出 行者行 來者來 求財物得 吉 命曰呈兆首仰足開 以占病 病甚死 繫者出 有憂 求財物買臣妾馬牛請謁追亡人漁獵不得 行(行)不行 來不來 擊盜不合 聞盜來來 徙官居官家室不吉 歲惡 民疾疫無死 歲中毋兵 見貴人不吉 行不遇盜 雨不雨 霽 不吉

명命하여 '정조수앙족개외고내하呈兆首仰足開外高內下'(조짐이 나타나고 머리를 들고 발을 벌리고 밖으로는 높고 안으로는 낮다)라고 한다. 이 점괘로 질병을 점치면 죽지 않지만, 밖에서는 재앙이 있다. 갇혀 있는 자는 출옥하나 걱정이 있다. 재물을 구하거나 노예와 우마牛馬를 매매하는 일은 서로 만나지만 때를 놓친다. 길을 가는 자는 간다. 온다는 소문이 있어도 오지는 않는다. 도적을 공격하면 승리한다. 도적이 온다는 소문을 들어도 오지 않는다. 관직을 옮기거나 관직에 있거나 집에 있을 때 귀인을 만나는 것은 길하지 못하다. 그 해의 풍년은 알맞게 든다. 백성은 역병을 앓고 병란이 있다. 청탁하거나 도망자를 추격하거나 물고기를 잡고 사냥을 하는 것은 소득이 없다. 도적의 소문을 들으면 도적을 만난다. 비는 내리지 않는다. 날은 갠다. 길흉으로는 흉하다.

명命하여 '수앙족금신절내외상응首仰足肣身折內外相應'(머리를 들고 발을 오므리고 몸을 굽히고 안과 밖이 서로 응한다)이라고 한다. 이 점괘로 병을 점치면 병이 매우 심해도 죽지는 않는다. 갇혀 있는 자는 오래되어도 출옥하지 못한다. 재물을 구하거나 노예와 우마牛馬를 매매하거나 물고기를 잡고 사냥을 하는 것은 소득이 없다. 길을 가는 자는 가지 않는다. 오는 자는 오지 않는다. 도적을 공격하면 승리함이 있다. 도적이 온다는 소문이 있으면 쳐들어온다. 관직을 옮겨도 옮겨가지 않는다. 관직에 있거나 집에 있으면 길하지 못하다. 그 해는 흉년이 든다. 백성은 역병을 앓는다. 한 해는 적당하다. 병란이 있는데 쳐들어오지는 않는다. 귀인을 만나면 기쁘다. 청탁하거나 도망자를 추격해도 소득이 없다. 도적을 만나면 흉하다.

命曰呈兆首仰足開外高內下 以占病 不死 有外祟 繫者出 有憂 求財物買臣妾馬牛 相見不會 行行 來聞言不來 擊盜勝 聞盜來不來 徙官居官家室見貴人不吉 歲中 民疾疫有兵 請謁追亡人漁獵不得 聞盜遇盜 雨不雨 霽 凶 命曰首仰足肣身折內外相應 以占病 病甚不死 繫者久不出 求財物買臣妾馬牛漁獵不得 行不行 來不來 擊盜有用勝 聞盜來來 徙官不徙 居官家室不吉 歲不孰 民疾疫 歲中 有兵不至 見貴人喜 請謁追亡人不得 遇盜凶

명命하여 '내격외수內格外垂'(안으로는 막히고 밖으로는 늘어진다)라고 한다. 길을 가는 자는 가지 않는다. 오는 자도 돌아오지 않는다. 병이 든 자는 죽는다. 갇혀 있는 자는 출옥하지 못한다. 재물을 구해도 얻지 못한다. 사람을 보려고 해도 보지 못한다. 길흉으로는 크게 길하다.

명命하여 '횡길내외상응자교유앙상주족금橫吉內外相應自橋揄仰上柱足肣'(횡길이면서 안과 밖이 응하여 저절로 높고, 유揄가 상주上柱를 쳐다보고 발을 오므린다)이라고 한다. 이 점괘로 병자를 점치면 병이 심해도 죽지 않는다. 갇힌 자가 오래 갇혀 있어도 죄에는 저촉되지 않는다. 재물을 구하거나 노예와 우마牛馬를 매매하거나 청탁을 하거나 도망자를 추격하거나 물고기를 잡고 사냥을 하는 것은 소득이 없다. 길을 가는 자는 가지 않는다. 오는 자도 돌아오지 않는다. 관직에 있거나 집에 있어도 귀인을 보면 길하다. 관직을 옮긴다고 해도 옮겨가지 않는다. 한 해는 크게 흉년이 든다. 백성이 돌림병을 앓고 병란이 있다. 병란이 있으나 징집되지 않는다. 길을 가면 도적을 만난다. 말은 들려도 보지는 못한다. 비는 내리지 않는다. 날은 갠다. 길흉으로는 크게 길하다.
命曰內格外垂 行者不行 來者不來 病者死 繫者不出 求財物不得 見人不見 大吉 命曰橫吉內外相應自橋檢仰上柱(上柱足)足肣 以占病 病甚不死 繫久 不抵罪 求財物買臣妾馬牛請謁追亡人漁獵不得 行不行 來不來 居官家室見貴人吉 徙官不徙 歲不大孰 民疾疫有兵 有兵不會 行遇盜 聞言不見 雨不雨 霽霽 大吉

명命하여 '두앙족금내외자수頭仰足肣內外自垂'(머리를 들고 발을 오므리고 안과 밖이 서로 늘어진다)라고 한다. 이 점괘로 병으로 근심하는 자를 점치면 죽지 않는다. 관직에 있어도 자리 잡을 수가 없다. 길가는 자는 길을 간다. 오는 자는 오지 않는다. 재물을 구해도 얻지 못한다. 사람을 구해도 찾지 못한다. 길흉으로는 길하다.
명命하여 '횡길하유주橫吉下有柱'(횡길하여 아래에 버티는 것이 있다)라고 한다. 이 점괘로 올 것인가를 점치면 온다. 점치는 날 오지 않으면 오지 않는다. 병자를 점쳐서 하루가 지나도 낫지 않게 되면 죽는다. 길을 떠나는 자는 떠나지 못한다. 재물을 구해도 얻지 못한다. 감옥에 갇혀 있는 자는 출옥한다.
명命하여 '횡길내외자거橫吉內外自擧'(횡길하여 안과 밖이 저절로 쳐든다)라고 한다. 이 점괘로 병자를 점치면 오래도록 죽지 않는다. 갇혀 있는 자는 오래도록 출옥하지 못한다. 재물을 구하면 조금 얻는다.

길을 떠나는 자는 가지 못한다. 오는 자도 오지 못한다. 귀인을 보려고 하면 본다. 길흉으로는 길하다.

命曰頭仰足肣內外自垂 卜憂病者甚 不死 居官不得居 行者行 來者不來 求財物不得 求人不得 吉 命曰橫吉下有柱 卜來者來 卜日卽不至 未來 卜病者過一日毋瘳死 行者不行 求財物不得 繫者出 命曰橫吉內外自擧 以占病者 久不死 繫者久不出 求財物得而少 行者不行 來者不來 見貴人見 吉

명命하여 '내고외하경족발內高外下輕足發'(안은 높고 밖은 낮고 가볍게 발을 펴고 있다)이라고 한다. 재물을 구하더라도 얻지 못한다. 길을 떠나는 자는 떠난다. 병자는 치유된다. 갇혀 있는 자는 출옥하지 못한다. 오는 자는 온다. 귀인을 보려고 해도 보지 못한다. 길흉으로는 길하다.

명命하여 '외격外格'(밖으로 막히다)이라고 한다. 재물을 구해도 얻지 못한다. 길가는 자는 떠나지 않는다. 오는 자는 오지 않는다. 갇혀 있는 자는 출옥하지 못하며 길하지 못하다. 병자는 죽는다. 재물을 구해도 얻지 못한다. 귀인을 보려고 하면 보며 길하다.

명命하여 '내자거외래정족발內自擧外來正足發'(안이 스스로 쳐들고 밖에서 와 바른 발을 펴고 있다)이라고 한다. 길가는 자는 떠난다. 오는 자는 온다. 재물을 구하면 얻는다. 병자는 오래도록 죽지 않는다. 갇혀 있는 자는 출옥하지 못한다. 귀인을 만나는데 만나면 길하다.

命曰內高外下疾輕足發 求財物不得 行者行 病者有瘳 繫者不出 來者

來 見貴人不見 吉 命曰外格 求財物不得 行者不行 來者不來 繫者不出 不吉 病者死 求財物不得 見貴人見 吉 命曰內自擧外來正足發〔行〕者行 來者來 求財物得 病者久不死 繫者不出 見貴人見 吉

제
五
장

귀갑의 징조가 사라진 점괘

신주 이 장도 역시 전 장에 이어 저소손이 서술한 것으로써 점복占卜시 거북의 배 껍데기를 불로 구워 나타난 조상兆象을 보고 길흉의 결과를 적은 것이다. 이 장은 앞장과 달리 '命曰명왈'이라는 부분이 빠져 있어 별도의 문장인 것 같다. 내용에 있어서 문맥이 잘 통하지 않는 곳이 보이고, 점괘에서 길흉의 조짐을 알 수 있도록 조상의 형태를 분명하게 설명하지 않아 판단하기 어렵지만 이 역시 고대인들이 점치는 방법과 그 해석하는 방법을 자세히 써놓았기 때문에 고대인들의 사상과 그 제도를 아는데 큰 도움이 된다.

이것은 '횡길상주외내내자거족금橫吉上柱外內內自擧足肣'(횡길橫吉하고 위로 버티며 밖과 안이 안쪽으로 저절로 들리고 발을 오므린다)이다. 이 점괘로 점을 치면 구하는 것이 있으면 얻는다. 병이 있어도 죽지 않는다. 갇혀 있는 자는 상하는 일은 없으나 출옥하지 못한다. 길가는 자는 가지 못한다. 오는 자는 오지 못한다. 사람을 보려고 해도 보지 못한다. 길흉으로는 온갖 일들이 모두 길하다.

이것은 '횡길상주외내자거주족이작橫吉上柱外內自擧柱足以作'(횡길하고 위로 버티고 밖과 안이 스스로 들어서 기러기발처럼 일어난다)이다. 이 점괘로 점을 치면 구하는 것이 있으면 얻는다. 병이 들어 죽게 된 자도 다시 살아난다. 옥에 갇혀 있어도 해를 입지 않고 도리어 출옥한다. 길가는 자는 가지 못한다. 오는 자도 오지 못한다. 사람을 보려고 해도 보지 못한다. 길흉으로는 온갖 일이 길하다. 군사를 일으킬 만하다.

이것은 '정사유외挺詐有外'(정사挺詐로써 밖에 조짐이 있다)이다. 점을 치면 구하는 것이 있어도 얻지 못한다. 병이 들었어도 죽지 않고 자주 일어난다. 감옥에 갇히면 죄의 재앙이 있다. 말을 들으면 해가 없다. 길을 떠나는 것을 가지 않는다. 오는 자도 오지 않는다.

이것은 '정사유내挺詐有內'(정사挺詐로써 안에 조짐이 있다) 점을 치면 구하는 것이 있어도 얻지 못한다. 병이 들어도 죽지는 않고 여러 차례 호전된다. 옥에 갇혀서 죄의 재앙을 입으나 해를 입지 않고 출옥한다. 길을 떠나는 자는 가지 못한다. 오는 자도 오지 못한다. 사람을 보려고 해도 보지 못한다.

이것은 '정사내외자거挺詐內外自擧'(정사挺詐로써 안과 밖이 저절로 들려 있다)이다. 이 점괘로 점을 치면 구하는 것이 있으면 얻게 된다. 병이 있어도 죽지 않는다. 갇혀도 죄가 없다. 길을 떠나는 자는 떠난다. 오는 자도 온다. 농사를 짓거나 시장에서 매매를 하거나 물고기를 잡고 사냥하는 것은 모두 기쁨을 준다.

此橫吉上柱外內(內)自擧足肣 以卜有求得 病不死 繫者毋傷 未出 行不行 來不來 見人不見 百事盡吉 此橫吉上柱外內自擧柱足以作 以卜有

求得 病死環起 繫留毋傷 環出 行不行 來不來 見人不見 百事吉 可以擧兵 此挺詐有外 以卜有求不得 病不死 數起 繫禍罪 聞言毋傷 行不行 來不來 此挺詐有內 以卜有求不得 病不死 數起 繫留禍罪無傷出 行不行 來者不來 見人不見 此挺詐內外自擧 以卜有求得 病不死 繫毋罪 行行來來 田賈市漁獵盡喜

이것은 호학狐狢(의심스럽게 정한다)[1]이다. 이 점괘로 점을 치면 구하는 것이 있어도 얻지 못한다. 병이 들면 죽게 되고 일어나기 어렵다. 옥에 갇혀 있으면 죄가 없어도 출옥하기 어렵다. 집에 있는 것이 좋다. 장가들이고 딸을 시집보내는 것이 좋다. 길을 떠나는 자는 가지 못한다. 오는 자도 오지 못한다. 사람을 보려고 해도 보지 못한다. 근심할 일이 있으나 걱정할 것은 없다.
이것은 호철狐徹[2]이다. 이 점괘로 점을 치면 구하는 것이 있어도 얻지 못한다. 병든 자는 죽는다. 옥에 갇혀 있는 자는 죄에 이르게 된다. 가는 자는 가지 못한다. 오는 자도 오지 못한다. 사람을 보려고 해도 보지 못한다. 말이 정해졌다. 온갖 일들이 모두 길하지 못하다.
이것은 '수부족금신절절首俯足肣身節折'(머리를 숙이고 발을 오므리고 몸의 마디를 굽힌다)이다. 이 점괘로 점을 치면 구하는 것이 있어도 얻지 못한다. 병이 든 자는 죽는다. 갇혀 있는 자는 죄가 있게 된다. 나가기를 바란 자는 돌아오지 않는다. 가는 자는 떠나간다. 오는 자는 오지 못한다. 사람을 보려고 해도 보지 못한다.

이것은 '정내외자수挺內外自垂'(정挺의 안팎이 저절로 늘어진다)이다. 이 점괘로 점을 쳐 구하는 것이 있으면 어둡지 않다. 병이 든 자는 죽지 않고 어렵게 회복한다. 갇혀 있는 자는 죄가 없어도 출옥하기 어렵다. 길가는 자는 가지 못한다. 오는 자도 오지 못한다. 사람을 보고자 하는데도 보지 못한다. 길흉으로는 길하지 못하다.

이것은 '횡길유앙수부橫吉楡仰首俯'(횡길橫吉하고 유앙楡仰이고 머리를 숙인다)이다. 이 점괘로 점을 치면 구하는 것이 있어도 얻기 어렵다. 병이 든 자는 일어나기가 어렵지만 죽지는 않는다. 옥에 갇혀 있는 자는 출옥하기 어려우나 해를 당하지는 않는다. 집에 있는 것이 좋다. 장가들이고 딸을 시집보내는 것이 좋다.

이것은 '횡길상주재정신절절내외자거橫吉上柱載正身節折內外自擧'(횡길하고 위로 버티면 처음부터 바르고 몸의 마디를 굽히고 안과 밖이 저절로 들어 올리고 있다)이다. 병이 있는 자를 점치면 점을 친 날 죽지 않으면 그다음 날 죽는다.

이것은 '횡길상주족금내자거외자수橫吉上柱足肣內自擧外自垂'(횡길하고 위로 버티고 발을 오므리고 안으로 스스로 들어 올리고 밖으로는 저절로 늘어진다)이다. 병이 든 자를 점치면 점을 친 날에 죽지 않고 그다음 날 곧 죽는다.

이것은 '수부족사유외무내首俯足詐有外無內'(머리는 숙이고 발을 꾸며 밖은 변화가 있고 안은 변화가 없다)이다. 병자가 거북점을 치면 점치는 것을 마치기 전에 급히 죽는다. 점치는 것을 경솔하게 해 큰 것을 잃지만 하루 만에 죽지는 않는다.

'수앙족금首仰足肣'(머리를 들고 발을 오므린다)이다. 이 점괘로 점을 치면 구하는 것이 있어도 얻지 못한다. 옥에 갇혀 있는 자는 죄가 있다. 사람들이 말하는 것은 두렵지만 해를 당하지는 않는다. 길을 떠나는 자는 가지 못한다. 사람을 보려고 하지만 보지 못한다.

此狐狢[①] 以卜有求不得 病死 難起 繫留毋罪難出 可居宅 可娶婦嫁女 行不行 來不來 見人不見 有憂不憂 此狐徹[②] 以卜有求不得 病者死 繫留有抵罪 行不行 來不來 見人不見 言語定 百事盡不吉 此首俯足肣身節折 以卜有求不得 病者死 繫留有罪 望行者不來 行行 來不來 見人不見 此挺內外自垂 以卜有求不晦 病不死 難起 繫留毋罪 難出 行不行 來不來 見人不見 不吉 此橫吉楡仰首俯 以卜有求難得 病難起 不死 繫難出 毋傷也 可居家室 以娶婦嫁女 此橫吉上柱載正身節折內外自擧 以卜病者 卜日不死 其一日乃死 此橫吉上柱足肣內自擧外自垂 以卜病者 卜日不死 其一日乃死 (爲人病)首俯足詐有外無內 病者占龜未已 急死 卜輕失大 一日不死 首仰足肣 以卜有求不得 以繫有罪 人言語恐之毋傷 行不行 見人不見

① 狐狢호학

신주 뜻이 자세하지 않다. 단, 의심스럽게 정하다의 뜻이 있다.

② 狐撤호철

신주 뜻이 자세하지 않다.

대론大論(대체적인 논의)에서 말한다.①

바깥 조상兆象은 타인의 징조이고, 안쪽 조상은 나의 징조이다. 바깥 조상은 여자의 징조이고, 안쪽 조상은 남자의 징조이다. 머리를 드는 것은 근심이다. 대大란 몸체이고 소小란 가지이다. 대법大法에서 병이 든 자는 거북이 발을 오므리면 살아나고 발을 벌리면 죽는 것이다. 길을 떠난 자는 발을 벌리면 이르고 발을 오므리면 이르지 않는다. 길을 가는 자는 발을 오므리면 떠나지 않고 발을 벌리면 떠난다. 구하는 것이 있을 때는 발을 벌리면 얻게 되고 발을 오므리면 얻지 못한다. 감옥에 갇혀 있는 자는 발을 오므리면 출옥하지 못하고 발을 벌리면 출옥한다. 그 병을 점칠 때 발을 벌리면 죽는 것이니, 안은 높고 밖은 낮기 때문이다.

大論曰①外者人也 內者自我也外者女也 內者男也 首俛者憂 大者身也 小者枝也 大法 病者 足肣者生 足開者死 行者 足開至 足肣者不至 行者 足肣不行 足開行 有求 足開得 足肣者不得 繫者 足肣不出 開出 其卜病也 足開而死者 內高而外下也

① 大論曰대론왈

색은 살펴보니 저선생褚先生이 취한 바의 태복太卜의 잡점괘雜占卦의 대체大體와 명조命兆의 사辭는 뜻이 거칠고 사辭는 거듭 겹쳐 거의 채집採集할 만한 것이 없었다고 했는데, 총 67조條로 분별한 것이 이것이다.

按 褚先生所取太卜雜占卦體及命兆之辭 義蕪 辭重沓 殆無足採 凡此六十七條別是也

색은술찬 사마정이 펼쳐서 밝히다.

우禹, 탕湯, 문文 3왕三王은 거북점을 달리 쳤고 5제五帝도 점치는 것을 달리했다. 어떤 경우 길하다가 어떤 경우 불길한 것이 걸왕桀王의 와실瓦室과 같고 주왕의 옥상玉牀과 같다. 그 기록은 이미 없어졌으나 그 점사占辭는 뒤를 이었다. 강수江水에서 하수河水로 사신이 되어 가다가 그물에 걸려 송나라에 억류당하였다. 신령스러움으로 원왕의 꿈에서 풀어 달라고 부탁할 수 있었으나 그 발을 지키지는 못했구나!

三王異龜 五帝殊卜 或長或短 若瓦若玉 其記已亡 其繇後續 江使觸網 見留宋國 神能託夢 不衛其足

찾아보기

인명

ㅈ

ㅊ

ㅌ

ㅍ

ㅎ

지명

기타

ㅈ

ㅊ

ㅌ

ㅍ

ㅎ

《신주 사마천 사기》〈열전〉을 만든 사람들

한가람역사문화연구소 사기연구실

이덕일(한가람역사문화연구소 소장, 문학박사)

김명옥(문학박사)

송기섭(문학박사)

이시율(고대사 및 역사고전 연구가)

정　암(지리학박사)

최원태(고대사 연구가)

한가람역사문화연구소는 1998년 창립된 이래 한국 사학계에 만연한 중화사대주의 사관과 일제식민 사관을 극복하고 한국의 주체적인 역사관을 세우려 노력하고 있는 학술연구소이다. 독립운동가들의 역사관 계승 작업을 꾸준히 진행하는 한편 《사기》 본문 및 '삼가주석'에 한국 고대사의 진실을 말해주는 수많은 기술이 있음을 알고 연구에 몰두했다. 지난 10여 년간 '《사기》 원전 및 삼가주석 강독(강사 이덕일)'을 진행하는 한편 사기연구실 소속 학자들과 《사기》에 담긴 한중고대사의 진실을 찾기 위한 연구 및 답사도 계속했다. 《신주 사마천 사기》는 원전 강독을 기초로 여러 연구자들이 그간 토론하고 연구한 결과의 집대성이라고 할 수 있다. 한가람역사문화연구소는 《신주 사마천 사기》 출간을 시작으로 역사를 바로세우기 위해 토대가 되는 문헌사료의 번역 및 주석 추가 작업을 꾸준히 이어갈 계획이다.

한문 번역 교정

유정님 박상희 김효동 곽성용 김영주 양훈식 박종민

《사기》를 지은 사람들

본문_ 사마천

사마천은 자가 자장子長으로 하양(지금 섬서성 한성시) 출신이다. 한 무제 때 태사공을 역임하다가 이릉 사건에 연루되어 궁형을 당했다. 기전체 사서이자 중국 25사의 첫머리인《사기》를 집필해 역사서 저술의 신기원을 이룩했다. 후세 사람들이 태사공 또는 사천이라고 높여 불렀다.《사기》는 한족의 시각으로 바라본 최초의 중국 민족사라고 할 수 있는데 여기서 사마천은 동이족의 역사를 삭제하거나 한족의 역사로 바꾸기도 했다.

삼가주석_ 배인·사마정·장수절

《집해》 편찬자 배인은 자가 용구龍駒이며 남북조시대 남조 송(420~479)의 하동 문희(현 산서성 문희현) 출신이다. 진수의《삼국지》에 주석을 단 배송지의 아들로《사기집해》80권을 편찬했다.

《색은》 편찬자 사마정은 자가 자정子正으로 당나라 하내(지금 하남성 심양) 출신인데 굉문관 학사를 역임했다. 사마천이 삼황을 삭제한 것을 문제로 여겨서〈삼황본기〉를 추가했으며 위소, 두예, 초주 등 여러 주석자의 주석을 폭넓게 모으고 자신의 견해를 덧붙여《사기색은》30권을 편찬했다.

《정의》 편찬자 장수절은 당나라의 저명한 학자로, 개원 24년(736)《사기정의》서문에 "30여 년 동안 학문을 섭렵했다"고 썼을 정도로《사기》연구에 몰두했다. 그가 편찬한《사기정의》에는 특히 당나라 위왕 이태 등이 편찬한《괄지지》를 폭넓게 인용한 것을 비롯해서 역사지리에 관한 내용이 풍부하다.